AF208272

Spille – Klubben

de

fire "Brødre"

Det gamle Frederiksværk

Forord

Det er sjældent, man falder over gammelt materiale, som ikke er kendt af andre. Og selv om materialet er i beskedent format, er det alligevel en oplevelse.

Når det så tillige hidrører fra ens egen familie, bliver det lidt spændende.

Jeg har i mine gemmer i nogle år haft et par små notesbøger liggende i et tinskrin, som stammer fra min farfar, som levede sit voksne liv i Frederiksværk.

Hvordan bøgerne er endt hos mig, husker jeg ikke. Jeg har formentlig fået dem af min mor, eller de er dukket op efter hendes død i 2009.

Notesbøgerne er håndskrevne referater fra møder i en kortklub og omfatter en periode på ca. 1 ½ år – fra 23. september 1909!

De er altså taget i brug for hele 111 år siden!

Min farfar hed Carl Pedersen, og han var bogholder på Hærens Krudtværk i Frederiksværk. Jeg husker ham kun svagt, fordi jeg mener at have set ham sidste gang, da jeg var 10-12 år gammel – altså for godt 60 år siden.

Jeg kan stadig svagt huske lejligheden i Nørregade med datidens tunge stuemøbler, gulvtæpperne, hans skrivebord og gardinerne, der ikke tillod særlig meget lysindfald fra vinduerne.

Da jeg var barn, tog det rigtig lang tid at bevæge sig omkring, så en tur til Frederiksværk fra Frederiksberg var næsten en dagsrejse. Den omfattede S-tog eller bus til Hovedbanegården, tog til Hillerød og skinnebus til Frederiksværk.

Så besøg i Frederiksværk var mest i forbindelse med skoleferier på vej til vores sommerhus i St. Karlsminde ved Lynæs/Hundested.

Jeg besluttede mig for at gengive bøgerne uden nogen form for redigering. Så mit arbejde har bestået i at lave en direkte og minutiøs afskrift af

kan blive Minister vælge
vi ham til Over-Inspektør
da var Kl 12.

Sekretæren maa meget
beklage de Overskridelser
der finder Sted med
Toddyerne det gør sku
ingen Ting om Aftenen
— men Dagen derpaa —
men det maa jo
Over-Inspektøren paase
han havde jo erobret
Opsynet fra Melkevejen
da Mødet var hævet enskønt
Broderen selv kunne have
haft den Støtte behov
Vejret var godt

8de Møde 17/11 09.
Skulle have været
paa Hjørnet hos Boghold.
men paa Grund af
indtrufne Omstandig-
heder blev det holdt paa
Melkevejen. — alle Brødrene
vare mødte samt Søster
Ingrid og det vagthavende
Opsyn Stine — Aflægtsmand
Mortensen var ikke mødt
han er nok bleven kostbar
siden han er bleven Ober-
Insepktør men det skal
vi nu nok vende ham
af med — Mester aabnede
Mødet med en Trommer

Uddrag fra notesbog 1 (øverst) og 2

om at hun havde glemt
sin Taske, om det nu
var Mester hun havde Kig
paa kan ikke siges,
men Søster Valborg tog sig
dog meget venlig af Bogh.
og inviterede ham hjem til
en bedre Middag næste Dag
hvis hans Opsyn ikke kom
tilbage det var jo meget pænt
af Søster Valborg, nu kan
jeg ogsaa først forstaa hvor-
for han maatte have en
Bitter Dagen derpaa, det
skulle nu heller ikke have
været omtalt for han trængte
vel nok til nogen Stimulans
det var nu det men nu
har Søstrene jo ikke saa
meget at lade Stine høre
paa Grund af hendes
Venlighed mod Inspektøren

Finis

24de Møde, den 17/3. 1910
stod paa Melkevejen.

Alle Medlemmer, paa nær
Søster Ingrid som skulde holde
Skyttedag Dagen efter var
mødt til bestemt Tid, og der
var ingen som havde glemt
Trussefrmns.

Stemningen var til at
begynde mild meget mat,
det mærkedes strax at forsam-
lingen ikke var Fuldtallig.

Spillet gik sin Gang, men
Emralningen var ikke stor, saa
der kom ikke meget i Dåsen,
maa — Drims begynder jo ogsaa
at drive godt, det første Sim-
dride er jo allerede naaet.

Kl 9,50 kom Søster Ingrid
som af Brødrene blev modtaget
med Trommarsken. Og saa skulde
jo Søstrene have Kaffe igen —
det maa noteres, at, der blev
drukken hele 4 Kop fuld Kaffe paa
denne Aften, men det blev der
ikke sagt noget til, anderledes

teksten med de fejl og mangler, der er i tegnsætning og stavemåde. Der mangler mange punktummer undervejs, og det giver nogle steder meget lange sætninger, men jeg synes, man vænner sig til det, når man først er i gang med læsningen.

Jeg har med lidt ærefrygt og et smil på læben møjsommeligt stavet mig gennem bøgerne. Der er et par tegn, der ikke kan gengives via et nymodens pc-tastatur, men det går nok endda.

Undervejs er jeg stødt på afsnit, vendinger, sætninger og enkeltstående ord, jeg ikke forstår betydningen af, og heldigvis er der kun få steder ord, jeg simpelthen ikke kan læse.

Jeg har lavet nogle få forklarende noter, bare for at illustrere, at jeg har fattet lidt af det!

Bortset fra det har jeg som nævnt valgt at lade den originale tekst tale for sig selv.

Jeg bemærkede hurtigt, at bog nr. 2 er en notesbog med logo og teksten "THE LION notes" på forsiden. Det fik mig i første omgang til at tro, at de var loge brødre i Lions Club, og at det er derfor de omtaler sig selv som brødre og omtaler kvinderne/konerne som søstre.

Den teori holder bare ikke, fordi Lions Club først blev oprettet i 1917 – i USA og først kom til Danmark i 1950.

Måske er de loge brødre i Odd Fellow logen, der kom til Danmark i 1878. De kyndige lokale historikere ved helt sikkert, om der er tale om loge brødre eller ej.

Når jeg selv læser i bøgerne, så toner Carl Ottosen frem for mit indre blik i sin glansrolle som toldkontrollør Knagsted i Gustav Wieds "Livsens Ondskab". Men ak, det er jo en DR-TV-serie i 5 afsnit fra 1972, så det er nok kun folk på min overskredne alder, der kender den!

Men det er næsten, som om man bliver trukket ind i en sær tidslomme, når man læser notesbøgerne, og jeg synes der undervejs er en tydelig snert af Gustav Wieds humor.

Det er utroligt, så stor klasseforskel, der har været i den lille provinsby Frederiksværk for lidt over 100 år siden. De mange fotos af arbejdere fra Jernstøberiet og Krudtværket, jeg har set, tegner et billede af nedslidte personer med ringe løn- og arbejdsforhold. Min farfars notesbøger tegner et billede af det bedre borgerskab, som er...? Nej! Det billede må læseren selv danne sig!

I den første bog kan man på skriften se, at det stort set er den samme person, der refererer, mens det går på skift mellem "Brødrene" i den anden. Der er himmelvid forskel på de forskellige referenters danskkundskaber – også med stavning og tegnsætning.

Jeg synes, at forordet har fået den ekstra funktion, at man ved læsningen af det vænner sig til mit nogenlunde nutidige sprog og derfor – forhåbentlig – mere tydeligt fornemmer overgangen til den levemåde, det sprog og den

notesbog 1 (øverst) og 2

grammatik, der blev anvendt for 111 år siden blandt pæne borgere i en lille provinsby.

Jeg har valgt en typografi, der ligner skriften i bøgerne lidt. Jeg har testet skriften på mit barnebarn Milla på 18 år, der godt kunne læse den.

Tak til Kirsten Sommer fra Lokalhistorisk Værksted i Frederiksværk for levering af fotos og tak til min bror Asger for facts og fotos.

Tak til Sarah og Mikkel for deres støtte med alt.

Hils på:

"Sekretæren" – "Mester" – "Kasseren" – "Bogholderen" - og deres damer, "Søstrene" eller "Opsynene", som "Brødrene" kalder dem.

Vi spoler tilbage til den 23. september 1909...

God fornøjelse!

Forhandlings –

Protokol

over

Spille – Klubben

de

fire "Brødre"

1ste Mødeaften var den 23de Septbr og blev holdt på Melkevejen alle Medlemmer med Damer vare mødte. Spillet gik lidt trevent i Førstningen der var begyndt med en ny Maade som dog hurtigt blev kasseret da den gav for lidt i Kassen 66* med ''Es Makker'' blev vedtagen – det gav flere Syle Mødet hævedes i god Ro

ingen fulde

* Note. Når der senere tales om Ejendomstrommer og Piber og Trommer er der tale om meldinger i 66 kortspillet.

30/9

2det Møde blev holdt i Hovedgaden hos Mester, som havde benyttet sig af at det var først paa Maaneden, hvorfor der blev indspillet en større Sum Penge, det var indrettet saa snedigt at

Opsynerne sad i et Værelse for sig under
Bevogtning af Hrr. Mortensen – det vagthavende
Opsyn holdt Fødselsdag hvorfor Medlemmerne fik
sig en Extra Toddy. Mester mente rigtignok at vi
skulle vist ikke have haft den sidste til Slut blev
der trakteret med Vin og Kage

  alle Medlemmer var til stede samt Hrr.
Partikulier* Mortensen som Damerne dog havde
taget som deres egen

Medlemmerne kom

godt hjem

der blev forelagt love men der blev bestemt de
skulle yderlig udarbejdes

* Note. Det samme som rentier, en der lever af renterne af formuen

3die Mødeaften 7/10 blev holdt paa Langeline
hos Kasereren der var ogsaa Fødselsdag det var
det vagthavende Opsyn der engang i Fortiden
havde haft Fødselsdag men nu vilde opfriske det
der var ogsaa Extra Forplejning naa vi tog det jo
med Lovene blev forelagt men Damerne tog sig
den Frihed at rette i dem hvilket ikke var pænt,
men det er vel siden de har faaet Valgret at de
tager dem saadan en Frihed

alle Medlemmer med Undtagelse af Mesters
Opsyn var tilstede hvorfor han ogsaa hele Aftenen
sad ligesom paa Naale han havde og haft en
urolig Nat som Barnepige

vi kom godt hjem

Bogholderen i kortklubben, min farfar Carl Pedersen (1876 – 1960) og yngste barnebarn (mig!). Foto fra ca. 1958.

4de Møde den 14/10 var paa Hjørnet hos Bogholderen

der var ingen Fødselsdag Aftenen forløb normal

Mester blamerede sig med med at vælte i Eiendoms Trommer men han sad der jo ogsaa for noget

alle Lemmerne vare tilstede

da Turen gik hjemad blev det Elektriske slukket Brødre og Søstre blev indhyllet i et Ægyptisk

Mørke Mester fandt først sin Kone da han kom hjem og fik Lyset tændt

5te Møde 21/10 var paa Melkevejen der var ogsaa Fødselsdag (havde da været) Medlemmerne hædrede det skallede Lem ved at overrække ham en Hædersgave bestaaende af en Patteflaske med tilhørende Sut da de havde hørt han somme Tider var urolig om Natten længere ud paa Aftenen prøvede Lemmerne Indholdet og fandt det godt – tilstede vare samtlige Medlemmer, samt som Æresgæster Frøken Rasmussen og Hrr Partkulier Mortensen som Damerne som sædvanlig havde erobret, saa han tilsidst selv maatte bede om Toddy – det kunde de ikke unde ham

Petersens Opsyn spurgte om vi ikke snart var
færdig da Kl. manglede 5 Min i 11 ½

6te Møde var 28/10 og stod hos Mester
alle Medlemmer vare mødte, tilstede var ogsaa
Frk. Terp fra Kolding hun var efter hvad vi kunne
forstaa udsendt af Kvindelig Fremskridts Forening
for paa nært Hold at studere hvorledes Brødrene
opførte sig naar de vare overladte til dem selv,
hun fik vist det bedste Indtryk. Partikulier
Mortensen var ogsaa til stede men opholdt sig
som sædvanlig hos Damerne men maatte ogsaa af
den Aarsag ind til Brødrene for at bede om en
Toddy, at han gider sidde hos Damerne kan ikke
forstaas men det har vel sine Grunde som vi ikke
kender — Naa Mødet var jo meget Festligt

trods det at Vandskatten er forhøjet havde det Kvindelige vagthavende Opsyn stavlet en hel Maskine Vand paa Benene som det var tilladt at bruge lige saa meget af vi vilde – og den blev heller ikke sparet Kl 10 ¾ opfordrede Mester til at tage mere vand ind men han var nær kommen galt afsted han kunne ikke lukke Hanen igen, Foreningen kommer til at bekoste et Kursus paa ham i Hanelukning – der blev ogsaa serveret Napolions og andre Kager som det vagthavende Opsyn selv havde gjort Mester sagde hun havde staaet paa Hovedet hele Eftermiddagen for at faa dem færdige – saadan tror jeg nu ikke nogen af de andre Brødre kunne være over for deres Opsyn men lad ham om det hvis han kan være det bekændt – Lovene blev for Resten meget omgaaet den Aften at vi fik 3 Toddyer hver skal

nu ikke gælde for en Bebreidelse, det var værst
for Hovedet Dagen efter – Damerne bestilte ikke
noget klagede Mortensen over men da han kun er
passiv Medlem, og Damerne spillede og sang for

Fra Nørregade i Frederiksværk

Brødren, og med Hensyn til den fremmede Dame
– værre var det da Mester fik Opstød da Kl. var

11 ¼ men da han bad om at det ikke maatte
komme i Protekollen skal det heller ikke omtales
– han inviterede os ned i Gaarden for at se en
sjelden Due han havde faaet – der fik han Lyst til
at sætte en Raket til Vejrs han maatte først
trække en Hof-Pilsner op for at få en Flaske til at
sætte den i men det kunne han jo sagtens gøre
da han fik Halvvejs Bestilling paa et par Frakker
til Søstrene – saa han er ikke til at ynke
Petersens Opsyn kom ind og spurgte om vi
manglede Sukker, det retter jo noget paa hendes
Opførsel ved sidste Møde nu kan vi li hende igen
– Spillet gik for resten livlig det begyndte med
Piber og Trommer Lemmet fra Melkevejen en
Eiendomspiber og to Eiendomstrommer
Vejret var godt og med Maaneskin men Selskabet

lidt højrøstet da det gik hjem Kl 12 ¾

skal der ikke ansættes en Inspectør?

Møde 4/11 7de Møde var paa Langeline hos
Kaseren alle Lemmerne vare mødte og Partikulier
Mortensen
Der var ganske vist ingen Maskine med Vand
men for at bøde paa det havde Kaseren købt to
Askebægere som han var bange for hans Kone
ikke vilde synes om vi fik en stor Kande Vand
men først Kl 8 ¾ fik vi sukker det var ikke som
ved Mødet hos Mester hvor Petersens Opsyn
spurgte om vi manglede Sukker, men der skulle
hun jo heller ikke betale det – Mester sagde ogsaa
nok saa spydig Vandet er lidt lunken – men han
skal jo altid gøre Vrøvl der for sidder han jo der

Kl 9,10 klagede Mester over der var for længe
mellem Snapsene men han blev hurtig
tilfredsstillet især da der nu blev serveret Kljner
– de smager skam dejlige sagde han Brødrene
sagde Hør Kaseren bad os om at see paa hans
Gyngehest han troede den havde fået Møl der var
nogen der mente at det var Miltbrand naa det
kan gerne være vi kunne ingen Diagnose tage af

Central Hotel

den i det Mørke Aftenen forløb meget godt
omsætningen var ikke stor Kaseren trommede
fire Gange allene – der var som sædvanlig flere
Uregelmæsigheder Søster Valborg klagede over at
Søster Kristine ingenting bestilte og den Skaldede
vilde ikke give Kort da han skulde men da var
han ogsaa ved den 3die Toddy --- men en Ting
paserede som viser det høje Trin Foreningen
allerede staar paa, idet Hrr. Partikulier
Mortensen igennem Foreningen søgte
Navneforandring – han vilde hedde Aftægtsmand
Mortensen det blev bevilliget – men da vi lever i
en Demokratisk Tid hvor en hver Bonde kan blive
Minister valgte vi ham til Over-Inspectør da var
Kl 12.
Sekreteren maa meget beklage de Overskridelser
der finder Sted med Toddyerne det gør sku ingen

Ting om Aftenen men Dagen derpaa – men det maa jo Over-Inspektøren paase han havde jo erobret Opsynet fra Melkevejen da Mødet var hævet enskønt Broderen selv kunne have haft den Støtte behov

Vejret var godt

8de Møde 11/11 09

Skulle have været paa Hjørnet hos Boghold. men paa Grund af indtrufne Omstændigheder blev det holdt paa Melkevejen – alle Brødrene vare mødte samt Søster Ingrid og det vagthavende Opsyn Stine – Aftægtsmand Mortensen var ikke mødt han er nok bleven kostbar siden han er bleven Ober-Inspektør men det skal vi nu nok vende ham af med – Mester aabnede Mødet med en

Trommer for resten var Stemningen til at begynde med lidt trykket, hvilket ikke var saa underlig da Søster Valborg og Søster Christine ikke var kommen da Kl. var 9. de er jo ansat ved det røde Kors hvad der jo kan være meget godt hvis en af Brødrene skulle trænge til en Bandage om Hovedet – men da vi saa hørte at der havde været nogle Oficerer ude at se på Jord ved "Lynes" for at indrette et Fort blev vi jo bange for at de allerede skulle være indkaldt til Tjeneste, for de ser jo meget godt ud, og vi kan jo daarlig undvære dem i Klubben – Boghold sad og gjorde fler Fejl Mester tog det mere overlegent han stak som sædvanlig Esserne –

lidt over Kl 9. kom saa Søstrene det livede jo svært op i Selskabet Stine kom med lunkne

Teater Kafeen

@ Frederiksværk.

Centralt beliggende midt i Hovedgaden.

Teater, store Selskabslokaler

og

elegant Dansesalon,

Klaver, Billard og Salonkeglebane.

Stor smuk terrasseformet Have med lukkede
Lysthuse.

Haven støder umiddelbart op til Arresødal Skov.

(Den 1ste Juli aabnes mit nyopbyggede Hotel
med ca. 20 smukt monterede Værelser, samt store,
smukke Restaurationslokaler.)

Godt Køkken. Moderate Priser.

Bestillinger paa Selskaber og Foreninger
modtages.

Cyclestald. Telefon=Adresse **Teatret.**

J. O. Jensen.

*Æbleskiver i Anledning af Mortensdagen der
passerede ikke noget usædvanlig – vi fik 2 ½
Toddy og der var temlig god Omsætning Spillet
ophørte 11 ½ - Søster Ingrid havde Brudeslør
paa, Stine inviterede Kaseren til at blive om*

Natten om det var for at rede Kassen vides ikke
Vejret var godt hvorfor Mester og hans Opsyn
ogsaa gik dem en Tur til Krudttaarns Bakkerne
Hektor var nemlig paa Bryllupsrejse og saa vilde
de gerne have ham med hjem – det er ikke altid
saa rart med Børn

9ende Møde 18/11

Stod paa Hjørnet hos Bogholderen dette Møde vil
huskes længe, der var den ene Overraskelse efter
den anden, det begyndte med at Bogh. vilde vise
Kaseren hvor varmt der var, derved Slog Kaseren
en kostbar Skaal itu mindre kunne ikke gøre det
Skidt med det sagde Bogholderen han er nu altid
saa flot saa blev vi jo bænket – Mester kom lidt
sent saa havde Sekretæren glemt Papir og Blyant

men det ordnede sig dog Spillet gik sin jevne Gang Bogh. havde en Ejendomstr. Kaseren ogsaa, men han væltede, Kaseren fik sit gamle Anfald med at skrive paa sig selv i stedet paa andre, der maatte ringes 2 Gange paa det vagthavende Opsyn før hun kom med Vand "fy Kristine" nu meddelte Søstrene at de foruden Sygeplejeforeningen havde oprettet en Forening til Indkøb af Blomster Løg mm. og i den Anledning havde sendt Søster Valborg til Korsør for at købe Løg det kan jo være meget godt, men Gud maa vide hvor de faar Pengene fra – dem negler de vel fra Brødrene Mester klagede over han havde ondt i den ene Arm han havde forløftet sig paa Pressejernet men da han havde faaet den 3die Toddy kunne han magelig løfte Armen – bedst som vi sidder og Spiller lyder

Ellen Bechs* henrivende Toner gennem Salen hun sang Lud. Holsteins dejlige sang (hvor driver Skyerne hen, derefter kom Helge Nissen, Herskind, Herold og tilsidst Skomageren fra Købenich udsat for Hornorkester, det var jo en lille fin Opmærksomhed af Bogholderen, det har ikke været nogen billig Historie at faa dem herud lige i Sæsonen men da hans Opsyn dirigerede har han nok haft Moderation det hele var meget festligt om det var derfor Kaserens Opsyn spilte Syltetøj paa en Dug hun skulle lave til Julen vides ikke, men det var vel snarere Vigtighed fordi at den skal have Dugen kunne se hun kommer i de bedre Krese hvor der vanker Syltetøj paa

*Note. Ellen Beck var kongelig Kammersangerinde og en kendt opera- og koncertsangerinde

Kagerne, nu begyndte Bogholderen at blive lidt urolig han sad og rokkede paa Stolen og sendte det vagthavende Opsyn det ene Øje efter det andet saa paa engang blev der serveret Mjöd og Kommenskringler det var det han sad og lurede paa, om det nu var for de fremmede Sangen Skyld vi fik det eller det var fordi det var Mortensdag for 8te Dage siden vides ikke men godt smagte det og Kringlerne vakte især udelt Bifald.

Nu var Stemningen jo bleven lidt oppe hvorfor vi blev enige om at oprette en Rejseforening vi havde hørt Kaseren gerne ville hjem til sin gamle Fader hvorfor vi bestemte at han skulle være den første der fik Legatet – saa havde vi den Glæde at se ham rejse til Falster Lørdagen derpaa, hans Opsyn og Børn kunne vi ikke sende længere end

til København men det var de glade for – som
man ser en meget indholdsrig Aften Kl var
næsten et da Mødet blev hævet Vejret var godt
Overinspektøren var ikke mødt. Jeg glemte vi fik
Smaakager og Lagkage der var bagt hjemme
ellers kunne der jo heller ikke have kommen
Syltetøj paa Dugen

   Mødet den 26 – 11
stod hos Mester alle vare mødte selv Inspektøren
det var første Gang han mødte siden sin
Udnævnelse – men der var ogsaa den
Mærkelighed ved dette Møde at det var et
Jubilæumsmøde det var nemlig det tiende i
Rækken – i den Anledning forærede Mester
Sekretæren en laaden Hue og en Pels hvad der jo

31

var meget pænt af ham det første Syn der mødte Brødrene da de satte dem til Bords var en kæmpemæssig Krukke med Sukker. For sidst var der jo klaget over at der ikke var Sukker nok nu var den Sorg slukket Maskinen med Vand var der ogsaa men den var nok ikke rigtig i Orden hvorfor den forsvandt ganske stille eller ogsaa havde Mester ikke kunnet tage Maskinistexamen da der var gaaet lidt blev der serveret Vafler som smagte ganske udmærket Stine fra Mælkevejen sagde det var ligesom paa Dyrehavsbakken senere kom der men det var uden for Nummer Æblekompot med Jordbær men det fik Brødrene naturligvis ingen Ting af – saa var der takket Inspectøren som drev dem ind Sang og Musik af Søstrene de vilde ikke staa tilbage for Bogholderens Aftenunderhold. men nu har

Kaseren lovet at han skal faa Bel Canto* ud at synge til han skal have Møde ja ja lad os se om han holder Ord – men han kan jo være tosset nok til det – Søster Ingrid har lovet at give Brd. gratis massage hun har nemlig lige afsluttet sin Examen i København saa herefter bliver det vel Møde med Massage naa Aftenen forløb jo som en Jubelæums Aften skulle det var den største Omsætning der inu havde været Kr. 8,88 Mester tabte det største beløb det var vel ogsaa derfor han tog Pelsen og Huen fra Sekretæren – det var ikke pænt Vejret var meget pænt da vi gik hjem skulle der have været en stor Ring om Maanen stod der i Bladene – men vi saa ingen Ring

*Note. Betegnelse for den klangskønne sang, som hos Rossini, Bellini m.fl.

Frederiksværk.

Tinghuset

    11te Møde den 2/12

stod hos Kaseren paa Langeline alle Lemmerne

vare mødte de ventede vist en hel del – naa det

kunne nok være der var lagt i Kakkelovnen hille

den myrende Syge der var jo jo klaget over at

der altid var saa koldt hos Kasseren og den har

han vel ikke vilde lade sætte paa sig – nu maatte

Brd. smide Tøjet noget af det men det hjalp ikke

meget, derfor var det vel ogsaa Brd maatte have

3 Toddyer til at svale sig paa, naa vi spillede jo væk men der var ingen stor omsætning, Søstrene vare heller ikke rigtig paa Tæerne Søster Valborg klagede over at der ikke blev bestilt noget, det lader til at hun er Stedfortræder for Inspectøren Søster Ingrid holdt Foredrag om Levers m.m. Tilberedning men det intereserede ikke Brd. man maa antage det var for at vi ikke skulle spørge om hvor Bel Canto blev af Brd. stillede sig jo lidt skeptiske da 8te Toget var kommen og ingen Sangere inu vare mødte, men de kunne jo være forsinkede men da ingen kom Kl 11 ½ blev der jo hvad man nu sier lidt Uro men det vagthavende Opsyn klarede den jo – troede hun da – hun kom nemlig ind med Mis Kato og drejede den i Halen men den vilde heller ikke synge hvad den jo godt kunne have gjort da den jo ellers ikke er saa

bange for det – naa vi tænkte jo nok alle sammen det var for meget Bror Petersen havde lovet derfor skal det ogsaa være ham tilgivet især da Søster Ingrid trakterede med Hjemmebagte Kager Kaseren peb alene men Mester væltede ham nok saa pænt – godt gjort) Vejret var godt da vi gik hjem og der paserede ingenting under vejs

12te Møde 9/12
stod paa Melkevejen hos Sekretæren alle vare mødte paa nær Bogh. Opsyn, hun kom lidt sent hun havde først været til Fødselsdag, derfor var hun vist ogsaa saa livlig det har vist ikke været bare Thevand der har vanket hvor hun har været, hun sjenerede Søster Valborg fordi hun

mente hun spiste formegen Kage, naa hvad saa
om hun ogsaa spiste en halv Snes Kager hun
skulle jo ikke betale dem, Stine havde nemlig
taget til København Dagen iforvejen for at købe
Kager da hun paa Grund af sin dårlige Haand
ikke kan lave hjemgjorte Kager Faens te Stine
hun har ligegodt Levemaade – Ja Spillet gik jo
sin jevne Gang der var ingen Overraskelser og det
ophørte Kl 11 ½ - saa blev Søstrene pebne
sammen angaaende en lille Juleuddeling Brdrene
havde jo bevilliget en Sum af 10 Kr til hver og
den skal udbetales i Guld til næste Mødeaften det
skulle være til Indkøb af Sul til Jul – Søster
Christine var bange for at hun skulle hente
Pengene i Kassen hun kunne ikke lide at komme
paa et Kontor naa det kan Bogh. vel heller ikke
altid saa det er nok noget der ligger i Blodet, naa

det lod jo til at Pigerne blev glade ved Udsigten til at skulle have Pengene naar nu bare Kaseren har dem og saa de vilde anvende dem til at pleje Brd. med

Mødet hævet Kl 12

Vejret godt

13de Møde 16/12

Stod paa Hjørnet hos Bogholderen det var det 13de i Rækken alle Lemmerne vare mødte om det saa var Overinspectøren i egen høje Person til at begynde med saa det jo noget trist ud Søster Valborg havde selv taget Brød med det var vel fordi hun ved Mødet paa Melkevejen ikke maatte spise saa mange Kager hun havde Lyst til, men det skal dog siges til hendes Ros at hun delte det

Brød ud til Brødrene hun ikke selv kunne sætte
til Livs det smagte dem storartet det var vist
ikke fra Bager Jensens – Spillet gik til at begynde
med lidt trevent men Mester og Bogh. fik sig dog
arbejdet op til en Ejendomstrommer Kasseren
ligeledes men han væltede der var flere
Fataliteter Søster Valborg klagede over at Mesters
Sax ikke kunde klippe – Kl 10 ½ gik Lampen ud
og den havde dog ikke holdt længere end fra
forrige Jul og det var jo ingen Alder paa en
Lampe Kl. 5 Min i elleve kommer Inspect.
Pludselig ind vi havde helt glemt han var med
(han sad nemlig som sædvanlig i Fruerstuen) vi
skulle lige til at have den tredje Toddy va æ den
a sa han ska Lovene trædes under Fodderne vi
maatte jo berolige ham og sige det tog vi ingen
skade af saa forsvandt han ind til Pigerne igen –

men dette Optrin havde dog gjort saadan
Indtryk paa Mester at han ikke turde begynde
paa den tredje han begyndte med lidt
Sukkervand men da nerverne blev lidt beroliget
tog han lidt Rom i og saa gik den godt igen han
var vist bange for at blive Ekskluderet af
Foreningen for Brd. drikker jo ikke Sukkervand
men det er jo godt der er nogen der kan tæmme
ham Spillet ophørte Kl 11 ½ - Saa kom det
højtidelige Øjeblik Brødrene havde næmlig
bestemt at at overrække Søstrene Foreningens
lille Guldmedailie som Tak for den gode Tone de
hidtil havde holdt under Mødernes Forløb – det
gik meget Højtideligt til Sekretæren holdt en Tale
hvor der hverken var Mening eller Indhold i, men
der var da flere af Søstrene der havde Tårer i
Øjnene men det var maaske ikke af Talen derpaa

overakte Mester dem Medailierne paa en
Sølvbakke – Søster Valborg takkede i en lille fint
formet tale – men alle Søstrene var vist ikke lige
fornøjet det havde jo ogsaa været Meningen at
give dem den store Guldmedailie men den havde
Cook* jo faaet fordi han havde opdaget Polen og
Søstrene mente at ingen af dem brød sig om at

*Note. Frederick Cook hævdede at han havde nået Nordpolen i foråret
1908

Min farfars gave fra 1928 – et tinskrin fra arbejderne på Krudtværket

leve i Polen det var vel ogsaa derfor at Søster
Ingrid ikke vilde modtage sin men lod den meget

Demonstrativt ligge, men Kaseren var dog fedtet
nok til at Tellefonere efter den næste Dag uha !
vi gik hjem Kl 12 Vejret var prægtig og Bogh.
havde med sin sædvanlige Flothed bestilt
Lygterne til at brænde til vi kom hjem.

6/1 – 1910

Saa oprandt da endelig det saa længe ventede
Møde det 1ste i det nye Aar men det 14de i
Rækken det blev holdt hos Mester i Nørregade og
det var Hellig Tre Kongersdag den6te Jan nu kan
man jo sige hvad man vil dette Møde vil altid
staa som en Mærkedag i Klubbens Historie –
Søstrene og Brødrerne mødte in Pleno,
Overinspekt. Og Mester med Opsyn modtog dem i
Vestibylen da Tjeneren hjalp Brd. Tøjet af blev

Mester og hans Paahæng helt blændede af den
Pragt Brd. udfoldede de vare nemlig klædte i
Sort med Hvidt i Halsen, dernæst havde de
anlagt de Ordner og Dekorationer som de vare
blevne benådede med gennem deres lange Liv,
Kasseren havde forskell. Dekorationer som
hentydede til hans tidligere Stilling som Kriger
som han kun forlod fordi de vilde have ham til
General – hvilket jo var meget godt ellers havde
Brd. jo ikke haft Fornøjelsen at være sammen
med ham, han bar jo da ogsaa et borgerligt Tegn
som medlem af Fugleskydningsselskabet naa han
bar sine Ordner med Anstand Bogholderen kunne
jo ikke stille med noget fra Krigen men for at det
dog skulle smage af Fugle havde han en Medailie
fra Skytteforeningen og en fra Funktionærernes

Fra min farfars tinskrin, 1. nål med tallene 24-10-54, 2. "medalje" med
6-tal og årstallene 1876/1926 og 3. nål med påskriften,
Fugleskydningsselskabet for Frederiksværk og Omegn 1898.

Skovtur foruden mange andre han saa rigtig pæn
ud det kan vi godt være enige om – Sekretæren
var jo ogsaa rakket svært til han var den eneste
der havde Riderkorset, det stak jo ogsaa Brd.
svært i Øjnene men han havde det jo tilligemed
forskellige Medailier fra velgørende Selskaber og
Nat Caffer han i sin Tid havde været Medlem af

Overopsynet havde mødte civil uden Ordner og Mester, der kan man se hans Finfølelse stillede i hjemmedragt med Skotskternet Slips for vilde han have taget sine Medailier paa og de Diplomer han har fra Udlandet saa var vi jo blevne til ingen Ting, han er en Mand helt igennem. Nu kommer vi til Damerne men der maa min Pen næsten staa stille og det bliver kun en mangelfuld Beskrivelse jeg kan give af de praktfulde Toiletter – Først var der Fru Ingrid Petersen født Hyldebrandt i en smagfuld vissengrøn firskaaren og langlivet ulden Kjole med Tyls Besætning Haaret var sat op med Bukler hun saa nydelig ud Fru Christine Frederiksen født Pedersen bat hvidt Liv med kostbar Haandbroderi og dertil en dejlig sort Nederdel som passede ganske storartet til hendes Frisyre – Fru Christine Stein født Hansen

stillede i sort Kjole med Slæb og Brokades
Mellemværk Haaret sat op med Knude oven i
Hovedet og to Ringe i Ørene Fru Walborg
Andersen født Mortensen var klædt i en fix
Taylor Made Hjemme Dragt som klædte hende
fortrinligt, det var velgørende at dvæle ved den
enkle Dragt i Forhold til de andre Damers
Elegance Haaret var sat op med en Knude i
Nakken. Alt dette her var kun begyndelsen til
Festen ved Ankomsten til Spillesalen laa der lange
Cigarrør som Mester havde lagt til Brd. de vare
saa lange at de ikke selv kunne tænde dem derfor
havde han ogsaa anskaffet Tændstikker som gik
ud naar man strøg dem og dem der brændte gik
ud med et Knald, desuden fik hver en Hat
udleveret det var vist fordi at ingen skulle se at
Sekretæren var skaldet, Inspektøren fik en

trekantet Hat han lignede en hel General men det skal siges til hans Ros han var meget liberal hele Aftenen   Naa endelig kom vi da til at spille men der var ingen rigtig Gang i det, det var vist Ordenerne som sjenerte.

Men nu kom ogsaa Aftenens Clou Søstrene kom i Prosesion med Stine i Spidsen de havde for at være ukendelige taget Næser paa men det hjalp ikke noget vi kendte dem alligevel, derfor udleverede de ogsaa Brd. Næsser for at de kunne være lige saa kønne som dem selv – Nu lukkede Stine sin lille Mund op og holdt en Tale som sent vil glemmes det var nemlig første Gang Foreningen saa sig istand til at Dekorere et Medlem Mester blev nemlig udnævnt til Komandør af Pressejernet med Tilladelse til at bruge samme – Stine holdt Festtalen som

destoværе paa Grund af Pladsmangel ikke kan
refereres i sin Helhed, men hun bad da Mester
om at han altid vilde holde Jernet rent og pletfri
og det altid maatte lykkes ham at klæde Folk saa
pænt paa som hidtil — og meget andet mere
Vrøvl sagde hun hvortil Brd. sluttede med et
velment Hura — Pressejernet blev Mester overrakt
i et lille fint Etui vi haaber det gaar i Arv til hans
Børn at de kan se hvilken Karl de har haft til
Fader –
nu blev der serveret Kaffe og Dom og
hjemmelavede Flødeboller det var nogle der
kunne krybe ned 3 Toddyer vankede der og 2
Glas Punsch saa der var ingen smalle Steder vi
gik først Kl 1. det var meget mørkt men Mester
lyste op med røde Blaalys

Nørregade

Mødet 13/1 10

var det 15de og stod paa Langeline hos Kasseren

det var jo det første efter det store Kalas hos

Mester saa Brd. vare jo lidt forvænte, men Søster

Ingrid havde jo anstrengt sig for at gøre det saa

festligt som muligt der var hjemmelavede Kager

Chokolade og Kaffe vankede der ogsaa det var nu

uden for Reglerne men Brd. blev inviterede med,

iforvejen havde Søstrene indtagen de bedste
Pladser ved Bordet saa et par af Brd. maatte
kravle under Bordet for at komme paa Plads, det
var nu ikke pænt af Søstrene og det strider ogsaa
mod Lovene hvorfor Overinspektørens
Opmærksomhed henledes derpaa nu begyndte
Spillet for Alvor og det gik højt der var et evigt
Trommeri, men en Ting maa der gøres
Inspektøren opmærksom paa inu, der var for lidt
Vand trods gentagne Opfordringer havde Brd. inu
ikke faaet Vand til den 2den Toddy Kl 10 ¼ det
er sørgelig at saadanne små Ting skal noteres,
men om det var derfor Bogholderen fik Hikke Kl.
11 ¾ vides ikke – var det derfor var det lige
godt Synd – ellers paserede der ikke noget videre
kun maatte vi tage et Glas Portvin paa Faldrebet
– Stine stillede med Lygte man kan mærke hun

bliver ældre – det var mørk da vi gik men ved
Lygtens Hjelp kom vi godt Hjem
Ende paa 1ste Del

Anden Del

af

"de fire Brødres"

Jammersminde

16de Møde 19/1 10

Blev ligesom 1ste Møde i forrige Del af
Forhandlings Protokolen afholdt paa Melkevejen
hos Stine men det blev holdt om Onsdagen fordi
der skulle jubileres i Borgerforeningen om
Fredagen, og Lemmerne vilde jo gerne ved den
Lejlighed optræde med Værdighed navnlig da det
var rygtedes at Overinspektøren vilde deltage –
alle Medlemmer vare mødte kun ikke
Overinspektøren men saa strålede hans Svigersøn
Kammerherre Marinus von Andersen saa meget
desto mere, han stillede i hele sin Galla Brd. viste
jo nok at han havde lavet en del i sin Tid men at
han var naaet saa højt var der ingen der anede,
men brilliant saa han ud da han ganske ligefrem
som sædvanligt traadte ind i Salen – med den
hvide Elefant hængende i Ordenskæden om

Halsen tilligemed Storkors, Ridderkors og alle de andre Ordner jo Bror saa sød ud men at han for ganske nylig var bleven Kammerherre saa man straks for Nøglen hængte paa den forkerte Balle men han er måske Kejthaandet – det var nu Aftenens største Begivenhed ellers gik det meget stilfærdigt til kun besværede Stine sig over at Søstrene drillede hende med Overinspektøren men det var vist bare Misundelse af dem Spillet ophørte Kl 11 ½ Traktemanget var normalt og Vejret godt

17de Møde

27/1.

Blev holdt paa Hjørnet hos Bogholderen alle Lemmerne vare mødte præcis vi må rose det vagthavende Opsyn for den Akuratesse

Spillebordet var ordnet med der var saagar en

Æske Tændstikker til hver af Brd. det var nu

meget pænt af hende –

Spillet begyndte præcis og Mester meldte strax en

Ejendomspiber men vi væltede ham naturligvis –

Mødet forløb rolig paa det nær at Søstrene det

meste af Aftenen stak Hovederne sammen og

hviskede det har vel været noget Brd. ikke har

kunnet tåle at høre uden at rødme ellers havde

de nok talt højt om det – Kl. 9 ¾ fik Bogh.

opstød men det var da af hans egne varer – Kl

10.10 peb Mester igen alene og væltede men han

viste da at han ikke var bange – hvad vi nu

aldrig har troet han var – Brd. blev enige om at

Foreningen burde have et Emblem, Mester gav

beredvillig Tilladelse til at benytte hans Vaaben

Nørregade

(et Pressejern) Sekretæren lovede at udføre dem

Spillet endte Programmæssig og vi fik

Jordbærlikør paa Faldrebet Vejret var godt da vi

gik hjem – der henstilles til Søstrene at lave en

eller anden lille Skandale for at faa noget mere

Stof til Protokollen

Jacob

18 Møde den 3/2 1910

stod hos Mester. Efterhaanden er man bleven vant til mange sælsomme Ting, naar Mødet holdes her, men hvad der tildrog sig ved dette sidste Møde, var af en saadan omvæltende Karakter i Brødrenes Historie, at der forhaabentlig ikke vil indtræffe slige Revolutioner i Fremtiden

Som berørt i sidste Rapport havde Bror Jacob – efter indhentet Tilladelse hos Mester lovet at fremstille et Emblem til Foreningen, og dette havde han opfyldt paa den smukkeste Maade, idet han før Mødet havde tilsendt Bogholderen og Kasseren med Opsyn et nydeligt Sølvpressejern, som blev baaret ved Ankomsten hos Mester, og Meningen var da paa højtidelig Maade at overrække Mester, Søster Valborg og Inspektøren deres Emblemer, men det blev der ikke noget af med. Mester havde nemlig faaet Forfald. Hektor har ikke haft det rigtig godt i den sidste Tid; af forsmaaet Kærlighed er han bleven melankolsk og har et Par Gange gjort Forsøg paa at aflive sig. Mødeaftenen havde han haft et særlig slemt Anfald, og Mester mente da, at han havde godt af lidt Luft, hvorfor de sammen tog en Galop til Tranemose.

Imidlertid drøftede Brødre og Søstre Emblemsagen, og det vedtoges enstemmigt, at Emblemet skal bæres ved alle Sammenkomster. Overtrædelse heraf straffes med en Bøde af 10 Øre, der tilfalder Foreningens Kasse.

I denne Forbindelse foreslog Søster Valborg, at Søstrene skulde forære Foreningen en Fane, men da det oplystes, at ingen vilde være Fanebærer, og det formentlig vilde blive for dyrt at leje en saadan, blev Sagen foreløbig stillet i Bero.

Ved samme Lejlighed udtalte Bror Stein sin Glæde over, at Pressejernet var kommen til at vende rigtigt; det havde unægtelig ogsaa været generende, om alle Foreningens Medlemmer skulde stemples som keithaandede.

Nu kom Mester, og Brødrene gik til Arbejde, men samtidig begyndte Overraskelserne. Udfor Sekretærens Plads var anbragt en mægtig Pokal, som han absolut ikke var narret med, men da han ikke kendte den hertil svarende Legering, og da hans Opsyn havde taget Bestik af den og sendt Broderen et dertil svarende Øje, blev den ved 2' Toddy ombyttet med et reglementeret

Glas. Forinden der blev brygget første Bryg, slog Sekretæren til Lyd, og da Inspektøren havde indfundet sig, bad Sekretæren om at blive fritaget for det byrdefulde Hverv at være Sekretær, og henstillede, at det gik paa Omgang sammen med Brødrene; Inspektøren nikkede bifaldende, og saa var det i Orden. Efter dette foreviste Søster Valborg en Kedel til at lægge i Kakkelovnen, man lægger den blot ind, og saa skriger den, naar Vandet er varmt. Brødrene konstaterede, at den kunde skrige; Bogholderen bad tilsidst om Vat, og Ekssekretæren skumlede noget om, at dette var regnet ud, for at man ikke skulde kunne holde Tankerne sammen, og at Opsynet var godt instrueret, for hun holdt sig væk, hvor meget den end skreg. Kl. 9 havde den skreget 2 Gange, og Brødrene var som Følge heraf paa den 2: Toddy; men da den kort efter skreg 3die Gang, og værre end nogensinde før, tog Mester Affære og fik den pakket ned i en Kasse.

Imidlertid var Spillet i Gang, men det gik meget uregelmæssigt og blev yderligere forstyrret ved, at det vagthavende Opsyn serverede Kleiner og andet Bagværk, om det var Pokalen, der var Skyld i, at Exsekretæren ikke var saa godt seende, skal ikke udtales her, men han tog da fejl af Kleinerne og vilde bruge dem som Slips.

Kl. 9 ½ konstaterede Mester, at han ikke var ganske tilregnelig (Brødrene hør), og samtidig klagede han over, at Vandet var kommet alt for tidligt (til no. 3), men dette skulde Mester ikke have sagt, for i samme Øjeblik eksploderede

Bogholderen; det var heldigvis ikke saa slemt, som det saa ud til; da Røg og Gnister var trukken væk, saa man, at det ikke var Bogholderen, men hans Cigar, det var galt med, men Mester var lige Glad, han sang samtidig med, at Kassereren klagede over, at han var varm i Hovedet.

Kanalen

Søstrene morede sig paa samme Tid udmærket sammen med Inspektøren; den bliver goere og goere med ham og Stine, han bad hende om at møde med Hængekrøller ved næste Møde.

Alt dette i Forbindelse med at Exsekretæren fortalte Historien fra Fredericia Vold om Skorstensfejere og Æbleskiver m.m. bevirkede, at Spillet gik meget trevent, og Kassereren paatalte trods sit varme Hoved gentagne Gange det utilladelige i, at der ikke kom nok Mønt i Kassen.

Kl.11 vilde Mester se en Gavtyv, han havde i en Bombe, hvorfor Brødrene flyttede ind til Søstrene, og det viste sig, at det ikke var nogen almindelig Gavtyv; han delte Precenter ud til Højre og Venstre.

Kl. 11.35 kom varmt Vand til no. 4, og
Brødrene var paa dette Tidspunkt lette at lede,
hvorfor de bryggede væk men nu kom Opsynene
og tog Affære. Søster Stine konstaterede, at
Ekssekretærens Toddy var for stærk, og Søster
Christine syntes, at Bogholderens var over
Stregen, og da Brødrene protesterede, greb
Søstrene resolut Brødrenes Glas og hilste paa
hinanden – Tableau – Exsekretæren stemplede
Inspektøren som en Vante og foreslog ham afsat;
det kom dog paa Grund af de anarkistiske
Tilstande ikke til Afstemning.

Efter dette bevægede Optrin vilde Søstrene
synge – de havde drukken det meste af
Brødrenes Toddy og Kl. var 12 – og skønt
Brødrene ikke havde bedt dem derom, sang de :
"O, bed mig aldrig mere om denne ene Sang";

Brødrene vilde selvfølgelig ikke være uforskammede – skønt der var nogen Grund til det, da Søstrene efterhaanden var bleven noget hæse.

Kl. 12 ½ hævedes Mødet, men da det var blevet saa sent, kunde man ikke rigtig se, hvordan Vejret var, men saa vidt man kunde skønne, var det glat paa Gaden.

19de Møde 10-2 – 10

Blev holdt paa Langeline hos Kaseren alle Medlemmer vare mødte. Over Inspektøren havde mældt forfald paa Grund af Sygdom hvorfor ogsaa Stine hængte med Næbet. Det er med Beklagelse Ex Sekretæren overtager Hvervet som

Protokolfører efter Bror Carl da han jo ikke nær kan komme op paa Siden af den forhaandværende Jurnalist

Mødet begyndte præcis og det gik temlig godt indtil Selskabet begyndte at Nyse, om det saa var Damerne kunne de ikke lade være med at udstøde smaa Trompethyl det var selvfølgelig Mester den Himmelhund der havde været der med Nysepulver – Hvad skal vi gøre ved ham vi kommer nok til at have Bud efter Spoler Niels at han kan ordne ham –

Spillet gik nu sin vante Gang Bogholderen væltede i en Ejendoms Tr. Mester klagede over at der ingen Sukker var og saa havde han ikke engang drukket sin Toddy af – Kl 10 røg Bog. I Luften hvoraf han fik Opstød og Kaseren maatte Kvitere

Toddyen – ogsaa Mesters Skyld – nu bad Mester
Sekretæren om at række ham sin Cigar den var
næppe til at løfte saa tung var den det er fyldige
Cigarer den Herre ryger – ligeledes stillede han
med en Sprællemand istedetfor sit Riderkors men
det fik hans Opsyn heftet paa Sekretæren saa
hun er jo snart lige saa god

Ja kære Brødre hvad skal vi gøre ved Mester
kunne der ikke være en Smule Rimelighed i at
han naar Spillesæsonen er forbi bliver indlagt til

Observation i Pensionatet ved Skoven hvis de da vil have ham der – og hvis han da bliver normal igen vi saa kunne spille sammen til næste Aar

Spillet sluttede til bestemt Tid det var smukt Vejr da vi gik Hjem Stjernerne tindrede – der var baade den lille og den store Bjørn men Vandmanden saa vi ikke noget til

Jacob

20de Møde, den 17/2 – 10

Blev holdt paa Mælkevejen hos Exssekretæren og Stine, som samme Dag fejrede der 33 Aars Bryllupsdags. Alle Medlemmer var mødt, men Overinspektøren havde meldt Forfald, grundet paa lidt Forkølelse. Frøken Rasmussen, som vi jo alle kender fra tidligere Besøg paa Mælkevejen var mødt som Gæst

Søster Ingrid havde, - formodentlig i Dagens Anledning, - foræret Ekssekretæren en hel Kasse Cigar no 15, og i Dameafdelingen stod en pragtfuld Buket Blomster som ligeledes var fra Søster Ingrid.

Kasseren med Opsyn havde glemt deres Pressejern, hvad der kostede 20 Øre i Mulkt*. Men værre var det da Søster Valborg kom, hun havde nemlig tabt sit, hvad dog Ekssekretæren hurtigt raadede Bod paa, der var nemlig et i Reserve.

Forinden Brødrene begyndte paa Spillet

*Note! Gammelt ord for bøde

erklærede Mester, at i Aften havde han ingen Gavtyvstreger for, man er jo nu en Gang blevet vand til Overraskelser fra den Kant af, men Mester holdt Ord

Spillet begyndte præcis, i første Omgang væltede Ekssekretæren Eiendoms Trommer, senere paa Aftenen væltede Bogholderen baade i en Eiendoms Trommer og en do Piber, han vandt til Gengæld en Trommer i Baghold, men det batter jo alt sammen godt i Kassen, Omsætningen var ellers meget god.

Kl 9 ¼ vendte Mester Stolen, og saa gik den rigtig løs, om det var til det bedre vides ikke.

Kl 10,35 kom det vagthavende Opsyn og spurgte om der manglede Vand, men Brødrene havde paa det Tidspunkt langt igen fra og være færdig med no 2, der maa ikke have været rigtig Træk i Skorstenene.

Kl 11 ¼ fik Mester Nyse, han havde rimeligvis noget af sit Nysepulver i Lommen endnu.

Der blev serveret med hjemmebagt Kage og Appelsinfromage.

Spillet holdt op til sædvanlig Tid, Søster Stine havde bestilt Maaneskind, hvad det ogsaa var, vi kom godt Hjem.

Bovholleren

21de Møde

D: 24/2 1910
blev holdt paa det Lyse Hjørne hos Bogholderen. Søster Valborg og Indspektøren havde meldt

Forfald paa Grund af Upasselighed, - de øvrige
Medlemmer var alle mødte! og vist enda i god
Tid og hvad de havde bestilt ved jeg ikke — for
allerede da jeg (Mester) kom kunde Brd. ikke se
Presjærnet de spekulerede naturligvis paa at
mulktere mig til Fordel for Kassen! Men det blev

Indgangen til Krudtværket

der nu ikke noget af, for Vaabnet var der da Brd.
fik Øjnene knapet rigtig op.

Søster Ingrid var til at begynde med lit gnaven, hun vilde ikke hilse paa Exsekretæren, men hun havde maaske sin Grund dertil,- det ved vi andre jo ikke – men jeg tror vi skulde sige det til Sabro.

Spillet gik rigtig godt – men gav ikke meget i Kassen, Kl-9 spilledes den første Trommer men væltede. Kl-9.50 spillede Bogholderen en Eindomstrommer, der ikke gik i Stykker, og 5 Minutter senere spillede Exsekretæren en do Piber – men Kasseren væltede ham – han kan nu engang ikke lide det "Piberi" – men det gav jo Penge i Kassen, og det er jo Formaalet; Vi gaar alle Fremtiden rolig imøde naar vi ved der er penge i Kassen.

Kl 10 ½ debuterede det vagthavende Opsyn (Søster Christine) som Solosangerinde med en

Sang om Foreningen ''de fire Brødre'' med
Søstre, som hun selv havde digtet, den gaar med
Melodi

Det var en Lørdag Aften
og lyder saaledes

I

''Ver en Torsdag Aften

Imellem 8de og 9''

''Saa mødes fire Brødere

Med deres Ægteviv''

II

''En seks og tres der spilles

Til Fordel for en Tur''

74

"hvis nu der bare gives

I Bøssen saa det dur"?

III

"Der drikkes Vand med Rom i

jo efter hvær sin Smag"

"mens Damerne faar Kaffe mild

Og The efter Behag"

IIII

"Ja Love er der ogsaa

ligesaa Sekretær"

"og Inspektør der passer paa

At alt det rigtigt er"

Det vagte selvfølgelig almindelig Jubel blant Medlemmerne! Og Søster Christine blev strax foreslaaet indstillet til Nobel Premien til næste Aar.

Mester opførte sig hele Aftenen ret ordentlig det vi fik sagt det til spoler Niels

Aftenen forløb særdeles fornøjeligt til Ære for det vagthavende Opsyn; der hele Tiden var paa færde saa Værten ikke engang fik Lov til at røre ved Klokken. Kl 11 ½ blev der for Brødrene serveret hjemmebagt Lag Kage – jeg kan godt huske, at der var en – (hvem skal jeg ikke sige)- der spurgte om det var "Sylte" men da vi fik røde Snapse til i stedet for Rødbeder blev vi alle klog af hvad det var, den smagte godt! Og Mødet sluttede.

Vejret var godt! Og alle kom godt hjem

Mester

22 Møde den 3/3 1910
blev holdt hos Mester; alle Medlemmer var mødt,
og Inspektøren var til alles glæde paa Højkant,
men for ikke at resikere noget, gik han tidlig i
Seng, hvilket for Søstrenes Vedkommende skulde
faa meget skæbnesvangre Følger, men herom lidt
senere.

Kassereren med Opsyn kom noget sent,
Brødrene havde ''lavet dem til'' men Mulktering
kunde der desværre ikke være Tale om; Mester
havde haft travlt med at lægge fyldte
Tændstikæsker ved Brødrenes Plads, og Søster

Valborg ligesaa travlt med at tage dem væk og lægge tomme Æsker i Stedet for, og denne Travlhed havde optaget dem begge i den Grad, at de havde glemt at tage Emblemer paa, hvilket takseredes til 10 Øre pr. Hoved i Mulkt.

Den famøse Kedel, der sidste Gang afstedkom saa mange Forstyrrelser, var ombyttet med en mere rolig, der stille snurrede i Kakkelovnen.

Mester havde anskaffet nogle ganske dejlige Cigarer, som bekom Brødrene svært godt, kun Ekssekretæren var ikke tilfreds med dem; man troede straks, at han havde en daarlig Smag i Munden fra Aftenen i Forvejen, men man fik snart den virkelige Grund at vide, idet Broderen futtede af. Naturligvis maatte Mester holde for; man havde endda lige glædet sig over, at det havde hjulpet godt paa ham, siden han var anbragt i Pensionatet "Ved Skoven". Naa, Brødrene forholdt sig ellers rolige, men dette kan ingenlunde siges om Søstrene. – At Søster Ingrid ikke vilde hilse paa enkelte af Brødrene skal kun noteres for Fuldstændigheds Skyld; det bliver jo efterhaanden en bestemt Regel. Allerede ved 9 Tiden begyndte de at synge og klare Stemme, og dette sidste blev gjort saa godt, at de en halv Time senere klagede over, at de ikke kunde se. Inspektøren var paa dette Tidspunkt gaaet i Seng, men Søster Stine havde overtaget Inspektørhvervet, som vi senere skal se, var hun ikke dette Hverv ganske voksen.

Brødrene maa ved denne Lejlighed paatale, at Søstrene ikke passer deres Sytøj, naar de er hos Mesters. Brødrene slæber pligtskyldigt Sytøjet frem og tilbage, og er snart blevet hjulbenet paa Armene af det, men derved bliver det ogsaa.

Ved 11 Tiden var Søstrene bleven helt vilde, de slukkede Lyset og raabte Skaal og Hurra, og da det vagthavende Opsyn havde serveret Æblekage for Brødrene, kom Søstrene ind og raabte Skaal Ka'le, kun Stine kom ikke, hun var paa dette Tidspunkt efter hendes eget Udsagn fuld – som man ser en nydelig Stedfortræder for Inspektøren –; naa, Bror Jacob tog den med Ro og trøstede sig med et gammelt Ord om en fuld Kælling og en Engel, og saa kan vi andre jo være lige glade.

Vi maa nu forlade Søstrene et Øjeblik og se lidt paa Mesters nye Næringsvej; han har slaaet sig paa Agrarvæsenet og i den Anledning anskaffet sig en Gedebuk, som han imidlertid ikke var rigtig dristig ved; han saa i hvert Fald til den adskillige Gange, men ønskede i øvrigt ikke dette omtalt, og det skal da heller ikke ske.

Klokken blev imidlertid halv tolv, og efter at Søster Valborg havde serveret med Marsipan i mange forskellige Afskygninger, skulde vi til at gaa hjem, men det var lettere sagt end gjort. Søster Christine klagede over, at hun var saa ør, at hun ikke kunde staa, Søster Ingrid tog Fejl, da hun skulde have sit Overtøj paa, og trak i Bogholderens frakke og Inspektørens Hue, Søster Stine prøvede ogsaa Inspektørens Hue, men klagede for resten over, at man gjorde Grin med Madammen og gav hende Inspektørens Hue i Stedet for ham selv. — Ordet Madamme trænger ganske sikkert til lidt nærmere Forklaring.

Som det er Medlemmerne bekendt, har Søster Stine af og til taget til Kjøbenhavn i den senere Tid, og ved Mødet paa det lyse Hjørne aabenbarede hun sig som Madamme; den er meget god, for saa bliver Bror Jacob vel Jordefar og kan gaa med ud og faa sig en Dilleriums seksogtres, mens Søster Stine er i Funktion.

Som man ser er dette Møde ligesom de tidligere hos Mesters rigt paa Begivenheder; vi kom imidlertid godt hjem; men dette Møde har et lille Nachspiel; det har undret Brødrene, at de altid efter et Møde hos Mester har forskrækkelig Katzenjammer, men sidste Gang var det saa slemt, at det ældre adstadige Medlem fra Mælkevejen glemte at laase Køkkendøren, da han gik Fredag Morgen, saa Søster Stine laa for aabne Døre til Frokost, mon det ikke kunde være paa

sin Plads at faa en Prøve af Mesters Rom
undersøgt paa Steins Laboratorium?

Bror Pederfur

23 Møde 10-3-10
Stod hos Kaseren

Alle Lemmer vare mødte selv Søster Valborg
som ikke var med ved forrige Møde, paa Grund
af for store Fødder, var mødt men nu havde hun
ogsaa Normal Fødder det sa Mester da — det var
for resten en Slags Afskedsfest med Langeline

Arbejdere på Jernstøberiet

Pavlionen Kaseren har nemlig købt sig en ny Ejendom i Skoven han kan jo med de dele, han havde ogsaa revet sig med nye Kort ligesom der var lagt en saakaldet Øjentører hen til Brd. hvis nogen skulle fælde en Afskedstaare, men de holdt sig tapre, han havde ogsaa anskaffet sig en Sirene eller Taagehorn men det skulle han vist ikke have gjort (herom senere) naa Spillet gik sin vante Gang men der var ingen overvættes Omsætning, paa en gang farer Mester op han havde tændt sig en af sine sædvanlige Cigarer med Fyrværkeri i og nu futtede den af, det klæder ham nu godt med Ild i Munden der var for resten en del Kvalm med Søstrene i Aftenens løb, Lovene kunne vist trænges til at blive læst op, navnlig den Paragraf som omhandler sømmelig Tone, Søster Kristine kunne ingen Kager spise hun havde spist saa meget hjemme sagde hun, men det var vist snarere af Sorg over "Bjørn" der havde faaet Hundesyge, Kl 9 ½ Tudede Bror Peter men det lod ikke til at røre Søster Ingrid for hun sagde blot, naa hva æet under Oplæsning af Forhandlings – Prottokollen afbrød hun Bror Jakob saa Taagehornet maatte frem igen, men det ogsaa da det interesante Thema om Mesters Gedebuk blev oplæst, Stine troede nemlig ikke han havde nogen, men for nu ikke at staa tilbage for Mester havde Kaseren anskaffet sig en lille Gris til han skal op paa Arresø, det er naturligvis Meningen at den skal æde Olden i Skoven, men saa kunne han jo have ventet med at anskaffe den til han kom derop, nu var den jo lidt urolig ved at være alene hvorfor vi flere Gange i Aftenens Løb maatte ud at berolige den, men nu blev Søstrene saa højrøstet at Brd ikke kunne samle Tankerne, de kom derfor med en Stilfærdig Bemærkning men vips var Søster Valborg der og smækkede Døren i, der sad vi, nu tudede Bror Peter hva Pokker er der nu, sagde Søster Ingrid og det var dog kun Sukker der manglede, jo den kan blive god med Tiden naar Lovene ikke bliver bedre overholdte, ja saaledes endte denne sidste mindeværdige Aften paa Langeline

det stænkede lidt da vi gik hjem, men kom dog alle godt i Havn

Jakob

Efterskrift

Naar jeg skriver at alle kom godt i Havn, er der

dog en lille Hage derved, den skulle ikke have været omtalt men naar I Præster kan give Kristelig Dagblad en Tillidserklæring for at have udspioneret Prins Harald kan jeg heller ikke tie, da vi gik blev jo Mester tilbage, og da vi kom lidt hen ad Vejen kom Søster Christine i Tanker om at hun havde glemt sin Taske, om det nu var Mester hun havde Kig paa kan ikke siges, men Søster Valborg tog sig dog meget venlig af Bogh. og inviterede ham hjem til en bedre Middag næste Dag hvis hans Opsyn ikke kom tilbage det var jo meget pænt af Søster Valborg, nu kan jeg ogsaa først forstaa hvorfor han maatte have en Bitter Dagen derpaa, det skulle nu heller ikke have været omtalt for han trængte vel nok til nogen Stimulans det var nu det men nu har

Søstrene jo ikke saa meget at lade Stine høre paa Grund af hendes Venlighed mod Inspektøren

Finis

24de Møde, den 17/3 – 1910
stod paa Mælkevejen.

Alle Medlemmer, paa nær Søster Ingrid som skulle holde Flyttedag Dagen efter var mødt til bestemt Tid, og der var ingen som havde glemt Pressejernet.

Stemningen var til at begynde med meget mat, det mærkedes strax at Forsamlingen ikke var Fuldtallig.

Spillet gik sin Gang, men Omsætningen var ikke stor, saa der var ikke meget i Bøssen, naa –

Grisen begyndte jo ogsaa at trives godt, det første Hundrede er jo allerede naaet.

Kl 9,50 kom Søster Ingrid, som af Brødrene blev modtaget med Fanemarschen. Og saa skulle Søstrene jo have Kaffe igen — det maa noteres, at der blev drukket hele 4 Kopper Kaffe paa denne Aften, men det blev der ikke sagt noget til, anderledes hvis det havde været Brødrene der havde faaet 4 Toddyer, man hørte allerede Kl 10.50 en Bemærkning fra en af Søstrene om at Brødrene allerede havde drukket no 2.

Men nu kommer Aftenens Hovedbegivenhed, det var da Brødrene havde været nede og set paa Bror Jacobs Andrik — (det er jo nemlig ikke alle der har en Gedebuk som Mester) — og skulle indtage sine Pladser igen, da mødte Dem et

skrækkeligt Syn, Stolene var væltet om paa
Gulvet og der var kommet Rom i Brødrenes
Sukkervand, - det skulle være saadant noget som
sød Suppe blev der sagt af en af Søstrene — og
for ikke at tale om Potten der var sat hen til
Ekssekretæren. Hvem af Søstrene der havde lavet
denne Relighed vides ikke, men de havde vel
sagtens været lige gode alle sammen, enskønt
Søster Valborg forsikrede at hun var uden for
denne Sag. Naa efter at Brødrene havde
overstaaet den første Forskrækkelse skulle de jo
lave deres Toddy færdig, men ak ve, Rommen var
forsvunden ligesom Duk for Solen, hvad dog Bror
Jacob hurtigt raadede Bod paa, han havde
nemlig i sit Medicinskab staaende den lille
Sutflaske som Brødrene i sin Tid overrakte ham,
og ved Hjælp af det deriværende Pa fik Brødrene

da endelig lavet no 3. Men maa jeg ikke nok spørge, om det ikke snart var paa Tide at Overinspektøren igen mødte, saa vi ved senere Spilleaftener kan blive fri for den slax Ting, eller ogsaa maa det overdrages det Vagthavende Opsyn at paase at det gaar rigtig til.

Traktementet var som sædvanlig og Spillet hørte op Kl 11 ½. Kasseren, som paa dette Tidspunkt havde Flyttefeber, havde vældig Jav med at komme afsted, hvorfor hele Selskabet maatte bryde hurtigt op.

Det var Maanelys og godt Vejr da vi gik Hjem

Sophus

25. Møde den 21/3 1910

var hos Bogholderen paa "det lyse Hjørne" der var den Aften ingen Løgter tændt paa Gaden, men paa "Hjørnet" var der lige lyst! der var nemlig hængt en "fuld Maane" op lige over Huset, hvorfor Søster Stine heller ikke havde taget Løgte med, "der maa jo ogsaa spares paa Oljen"

Kl: 8 ½ var endnu ikke alle mødt, Overinspektøren havde heller ikke denne Gang givet Møde. Søster Valborg var ogsaa udebleven "Grunden" skal jeg ikke her oplyse noget om, jeg hørte nok nogle tale noget om mulig Anskaffelse en ny Søster Valborg naar hun saa tit udebliver men vi blev dog alle enige om at vendte hermed indtil efter Sommerferien (Kasseren). Broder Carl og Søster Ingrid kom 4 Minn "forsent", men det bødes der jo ikke noget for naar bare ikke det er

5 Minn. de har nok ikke kendt Vejlængden fra deres nye Sommerbolig, eller mulig ikke kunnet løsrive sig.

Søster Ingrid sagde den Aften "Godaften" til os alle.

Spillet aabnedes med en Eindomstrommer af Mester, som Brødrene heldigvis væltede ham i, hvad nok var bedst for ham (for resten ogsaa for vi andre) vi havde nok ellers faaet maes med at styre ham den Aften da han jo var uden "Opsyn" og vi kender ham jo.

Aftenen forløb som sædvanlig paa "det lyse Hjørne" fornøjeligt og hyggeligt; kun maa bemærkes at der hele Aftenen var en Piben og Trommen saa der ikke kunde høres Ørenlyd, og da Søster Valborg ikke var der, fik heller ikke Stolene Benene i Vejret

Mødet var den gang en Mandag, hvorfor der jo ikke blev saa længe imellem Taadyerne vi havde alle Smagen endnu af den sidste fra forrige Møde, hvilket vist ogsaa var Grunden til at (25de Gang) kom bag paa os alle, ligesom Juleaften paa Kællingen, dog maa bemærkes at Vertinden i Anledningen til slut serverede en dejlig Lagkage og Likør som vi alle nød ved sluttet Bord sammen med Søstrene.
Festen fortsættes ved næste Møde
Alle kom godt Hjem ved Hjælp af den "fulde Maane"

Mester

26de Møde 30/3. 10

blev holdt hos Mester og var en fortsættelse af Jubilæums Mødet hos Bogholderen, lad os sige det strax det blev en Fest som kun Mester kan lave den   alle vare mødte paa Søster Ingrid nær, hun er jo flyttet op i Skoven, hvorfor vi jo blev lidt ængstelige og troede hun muligen var faret vild hvorfor der blev sendt en Expidition ud for at lede efter hende, men inden den var vendt tilbage var hun kommen tilbage Gud ske lov frisk og rask hun fik to Mulkter en for at komme for sent og en for Emblemet, men det kunne ikke tæmme hende, hvorfor Bror Peter kom med en lille Bemærkning men det skulle han vist hellere have ladet være med, for han blev hurtigt bidt over – naa for at komme tilbage til Festen saa tro sig hensat til en Festaften i Tivoli,

Trappegangen var Festlig oplyst med Masser af Orientalske Lamper og ved Indgangen til Festsalen stod Portien Lars Peter Sækkelund iført Pensionatet "ved Skovens" smukke Uniform, han hjalp Gæsterne tilrette og viste dem ind i Forhallen hvor der brændte et Transperant som ønskede Brd. og Søstrene velkommen

her havde Inspektøren Søster Valborg og Mester tagen Plads for at modtage Lemmerne og føre dem ind i Damesalonen hvor der var dækket et pragtfuld Kaffebord med en lille fin Buket til hver – Inspektøren som den Jon han er gav strax Stine sin Buket der vankede Vafler til Kaffen, da vi efter Kaffen paserede Mesters Salon for at komme ind i Spillesalen blev vi behagelig overrasket ved at se Indgangen til denne prydet med en Guirlande bestaaende af kulørte

Elektriske Lamper _ Kl var 10 Min. over 9 før vi
kom til at spille Mester sagde han havde anskaffet
sig en Tellefon som Brd. kunne benytte naar de
ønskede Vand, men det viste sig snart at være et
Elektrisk Tændaperat til Cigarer, Brd. havde jo
flere Gange klaget over Mesters Tændstikker, nu
blev der Trang for Vand, har i allerede drukket
det sagde det vagthavende Opsyn og Kl. var dog
10. nu maatte Mester have fat i et Aperat som

Foto af medarbejdere på Krudtværket 1902-05

han kaldte for Kukeren saa skulle vi nok faa
Vand, men den blev heller ikke meget
respekteret, idet hele taget kunne Tonen mellem
Søstrene trænge til en hel del Forbedring da de
næsten ikke er bange for at svare igen naar man
taler til dem

det blev i det hele tagen en Aften med mange
Afbrydelser og der kom heller ikke meget i Kassen
tilsidst vankede der Extra Forplejning af Rødgrød
m. Fløde — saaledes endte denne Aften som sent
vil glemmes af Brd og Søstrene

Jacob

27de Møde, den 10/4 — 1910
Stod ude i Skoven hos Kasseren, alle Medlemmer
var mødt og selv Overinspektøren var ogsaa mødt

op. Bogholderen med Opsyn kom 10 Minutter for sent – som efter Lovene blev takseret til 50 Øre.

Spillet blev sinket ½ Times Tid til at begynde med, da Brødrene og Søstrene først skulle have Kaffe og hjemmebagt Kage.

Spillet gik ellers sin jævne Gang, der var masser af Trommer og Piber, Bogholderen vandt en Eiendomspiber i Baghaand, han ville ligeledes hav spillet en Eiendomstrommer, men der blev han opdaget.

Det var straks til at mærke at Overinspektøren var til Stede, der blev ikke lavet nogle Skandaler, som man ser er der jo alligevel Respekt for ham.

Kasseren havde faaet fat paa sit Tudehorn, men der blev ingen Anledning for ham til at bruge det, for det vagthavende Opsyn var stadig paa Tæerne og saa efter at der ikke manglede noget.

Søstrene og Overinspektøren fik ogsaa Toddyer i lange Baner det var vistnok første Gang i Foreningens lange Liv at det er sket, men det var jo ogsaa første Gang vi var I Kasserens nye Lejlighed , Søstrene var meget ivrige efter og hilse paa Overinspektøren, man hørte stadig saa fra den ene og saa fra den anden – dette her "Skaal Hr Overinspektør"

Grundet paa at Spillet begyndte saa sent holdt det først op Kl 12, men da var der ogsaa kommet temmelig godt med Mønt i Bøssen.

Inden Selskabet brød op blev der serveret Fromage og Portvin.

Vejret var godt da vi gik Hjem, men det var noget mørkt igennem Skoven, men Bror Jacob havde jo sin Lygte med og han med Overinspektøren gik i Spidsen og lyste for hele Selskabet.

Da vi kom forbi Foreningsbygningen var her Balfaldera og Søstrene ville gerne ind og have en Svingom, hvad dog Brødrene ikke havde videre Lyst til, og vi traskede ogsaa ganske rolig forbi.

Sophus

Saisonen 1910/11

Saa oprandt den 13: Oktober eller den dag, da Brødre og Søstre efter lange og svære

Forhandlinger samledes første Gang i Saisonen 1910/11, og som det sig hør og bør, var det første Møde hos Selskabets Alderspræsidenter, Bror Jacob og Søster Stine paa Mælketoddyvejen; men det gamle Ordsprog, at alles Anfang ist schwer maatte ogsaa sandes ved denne Lejlighed; Søster Ingrid havde nemlig udspredt nogle vilde Rygter om, at hun denne Aften vilde paa Kroen, og da Mester ikke var kommen Kl. 8 ¾ , blev man bange for, at han skulde have hørt disse Rygter og var gaaet paa Kroen i Haab om at træffe hende der; paa den anden Side trøstede man sig med, at Søster Valborg var hos ham og i fornødent Fald kunde retlede ham, og denne sidste Antagelse viste sig heldigvis rigtig, idet de begge to kom lidt før 9. Mester havde haft lovligt

Forfald, men saavel lovligt som ulovligt Forfald takseredes nu som tidligere til 25 Øre pr. Ansigt.

Bror Stein havde det ikke rigtig godt, hans ene Kind var meget ophovnet, hvilket efter hans eget Udsagn skyldtes en daarlig Tand; det var nu en almindelig Mening, at det havde noget mere Lighed med en af Søster Stines knyttede Næver, men det talte ingen om, og det hører jo ogsaa til Privatlivets "Fred", men slemt var det, hvad enten det saa skyldtes Tænder eller knyttede Næver.

Naa, Brødrene var jo kommen sammen for at spille 66, men det var ikke let at faa begyndt, for selvfølgelig kunde der ikke begyndes paa Saisonen, uden at Reglementet skulde overtrædes i Retning af Forplejningen. Søster Stine benyttede

Lejligheden til at opvarte med Chocolade, Kaffe og Kager i bunkevis, fordi Bror Stein en Gang i Fremtiden vilde holde Fødselsdag.

Forinden Spillet tog sin Begyndelse, fik Brødrene overrakt hvert et nydeligt Glas med Sut og Sukkerkugler; Symbolet herpaa skal ikke nærmere uddybes.

Spillet kom omsider i Gang, og man saa straks, at Brødrene ikke havde glemt, hvad de lærte i Fjor; navnlig Mester kendte man øjeblikkelig han havde det samme udmærkede Haandelag med Hensyn til Esserne, som gjorde ham saa berømt eller berygtet i Fjor.

Hvad der imidlertid gav denne Aften sit væsentligste Præg var dette, at Brødrene atter fik Lejlighed til at beundre den usvækkede

Interesse, som Bror Stein stadig viser, naar det drejer sig om Brødrenes Velfærd. Her er ikke Plads til at anføre hans store Fortjenester, og det vilde ogsaa føre for vidt; men ved Siden af alt det øvrige er han nu kommen ind paa noget, som maaske mere end alt andet vil faa Betydning, han er bleven Importør af Sprit. Med hans bekendte Sporsans havde han faaet opsnuset, at der et Sted i Kjøbenhavn eksisterer et Pakhus, hvorfra man bl. a. kunde faa Rom, der har den udmærkede Egenskab, at man kan blive fuld for de samme Penge af et meget mindre Kvantum, og han var der straks – vær saa artig 6 Flasker – Foruden den ovennævnte udmærkede Egenskab havde den en Smag saa liflig, at Mester og Bogholderen tilsidst nær var bleven svimmel alene ved Tanken om den; og Bror Stein var ikke den

Mand, der holdt denne Herlighed for sig selv, men hver af de 3 andre Brødre blev bevæbnet med hver en Flaske, inden de gik hver til sit.

Pakhuset havde andre gode Sager, saasom Rødvin, og den havde den samme Virkning paa Søstrene som Rommen paa Brødrene, den smagte dem saa godt, at de drak endnu; da Klokken var 12, og Brødrene kunde som Følge heraf ikke komme hjem i rette Tid.

Omsætningen var kun ringe, men Vejret til Gengæld godt, da vi omsider traskede hver til sit.

Bror Pederfur

2det Møde den 20/10 – 10

blev holdt ude i Skoven hos Kasseren, alle
Medlemmer var mødt, det vil sige at Mester med
Opsyn ligesom sidst kom for sent, men det batter
jo alt sammen godt i Kassen.

Spillet begyndte med at Bogholderen spillede
en Piber i Baghaand som han vandt, Aftenen var
ellers rig baade paa Trommere og Pibere, Mester
fik under Spillet Lejlighed til at konstantere, at
han i det mindste i et Spil spillede rigtig, det
rimeligvis varet en Piber som blev vundet.

Det vagthavende Opsyn var vældig paa Tæerne
hele Aftenen for at Brødrene ikke skulle mangle
noget, allerede strax da Spillet var begyndt kom
der varmt Vand saa Brødrene kunde lave det
første Glas, Legeringen var jo af den samme gode

Kvalitet som vi fik hos Bror Stein, de 3 af Brødrene kunde klare 2 ½ Glas, medens den 4de (Mester) kun ville have 2, men det var da heller ikke saa underligt, for han havde hele Aftenen stadig siddet og lugtet til Glasset.

Under Spillet blev der serveret Kaffe med hjemmebagt Kage som smagte godt.

Damerne var meget flittige hele Aftenen der blev hæklet over det hele, dog hørte man en enkelt Sang der blev klaget over, at Søster Kristine kun havde hæklet en Omgang.

Midt i Spillet blev Brødrene overraskede ved at det vagthavende Opsyn kom ind med 1 Spand fyldt med en hvidlig væske, som gav Bror Stein anledning til at bemærke om Brødrene skulle Barberes for det var vel Klister der var i

Spanden, Bror Stein anede kun lidet om, at Spanden var fyldt med dejlig hvid Honning, som skulle bruges til Søstrenes Forkølelse.

I Aftenens Løb fremkom Bror Stein med den glædelige Meddelelse, at han yderligere havde givet Ordre paa 6 Flasker Rom af den bekendte gode Kvalitet inde fra Varehuset, denne Meddelelse blev som rimeligt er, af Brødrene modtaget med en hvis Honør, da man jo ellers ikke rigtig kunne vide hvorledes man skulle komme i Besiddelse af den.

Spillet holdt op til den bestemte Tid og Brødrene og Søstrene travede hjem ad den brede Aasti, der var af Kasseren bestilt Maaneskind men det var "saa som saa" Gardinerne var til

Tider trukket for, hvad der bevirkede at der

maatte tændes en Lygte.

Sophus

Bror Calles sirlige skrift

3die Møde 27/10 -10

Stod hos Mester han havde meget Demonstrativt

bundet Geden udenfor Døren, det var vel for at

vise at den ingen Nød led, der havde jo været
Tale om at han sultede den men det var vist ikke
sandt for Dyret saa meget kvik ud. Alle
Lemmerne vare mødte i rette Tid og
Pressejernene var i orden Mester havde som
sædvanlig nogle Hundekunster for, han opvartede
med Chokolade Cigarer og Lakritstændstikker
men da Brd. ikke vilde gaa paa den kom han
med andre Cigarer der var snoede som
Proptrækkere men Brd. blev jo lidt fordrejede i
Hovederne for at følge Ilden i dem, og det var
vist ogsaa derfor at Kasseren allerede Kl 9 ½ var
kørt istaa han sagde han havde ingen Hul i
Halsen, det skulle de andre Brd. nu ingen Skyld
have for – for skønt Mester kun lugtede til sin
Toddy havde han ikke noget i Glaset men det skal
nu hverken regnes ham eller Brd til Last – Søter

Valborg viste sig som sædvanlig fra den galante Side og Trakterede med Kaffe og Hjemmebagte Kager, som Brd guffede i sig med Velbehag – Spillet gik meget godt der var en Masse Piber og Trommer, det var jo meget godt alt sammen men maa det være et ældre Lem tilladt at rette en Opfordring til Lemmerne navnlig de svage om at lave lidt mer Ballade for ellers bliver der ikke noget at i Protokollen, og Brd. har jo nok at gøre med at samle Penge til Julegaasen – Spillet ophørte som det havde begyndt i rette Tid og Vejret var godt.

Jacob

4: Møde d: 3/11 1910
stod hos Bogholderen paa det lyse Hjørne. Alle

var mødt i rette Tid. Mester blev for en Gangs Skyld skældt ud, fordi han kom for tidlig.

Bogholderen havde siden sidste Møde gjort en Rejse til Kjøbenhavn, men det maa vi have os frabedt for Fremtiden. Ganske vist havde han fra Hovedstaden medbragt nogle Blæseinstrumenter til Brødrene, som de trakterede efter Evne, dog ikke lige skønt altid, men tillige havde han set og hørt forskellige Ting, som i Gentagelsestilfælde kan virke demoraliserende paa de andre Brødres høviske Øjne og Øren, og det ville jo være sørgeligt. —

Søster Christine havde været med, og hun havde ikke brugt sine Penge til Uartigheder, men købt Kage for dem, og den smagte udmærket, hvilket ogsaa var Tilfældet med det andet

Bagværk, som Brødre og Søstre blev fyldt med, saasnart vi blev bænket. –

Maa det, forinden jeg gaar videre, være mig tilladt at erindre Søstrene om, at der i vore Love bl a. staar følgende: "Søstrene skal føre en sømmelig Tone". Det er jo kedeligt at skulle anføre noget saadant, men den haarde Nødvendighed byder det; det er i Særdeleshed møntet paa Søster Stine, der demonstrativt tyssede paa Brødrene, da de diskuterede Spillets Gang, men hun vilde vel gøre sig bemærket, fordi hun til dette Møde havde faaet 6 nye Haler. Bror Jacob sagde, at hun lignede en Haleneger; det kan jeg nu ikke udtale mig om, da jeg aldrig har set en saadan.

Det var ved dette Møde rent uhyggeligt, saa Søstrene spiste, ja de ligefrem aad; tilsidst sang de af bare Æde; Søster Stine spiste endnu, da Klokken var 10,men da var det vist paa det sidste, for hun tyggede saa sært avet om.

Brødrene er der ikke meget at sige om, de passede deres Næringsvej, men der er dog maaske Grund til at have sin Opmærksomhed henvendt paa Bogholderen og Mester med hensyn til deres Toddy, for det kan ikke skjules, at de begge har svært Mod paa den nye Rom; Mester er ganske vist ikke rigtig dristig ved den, men Smagen skal han immer have, og saa for ikke at drikke af Glasset, lugter han til det, det vil sige, det gjorde han til at begynde med, men nu sutter han paa Toddystøderen. Bror Jacob henstillede ved Mødet, at han fik en Sut, vi kunde maaske overdrage

Bror Stein at foretage det videre fornødne i den Retning.

Naa, da Mødet nærmede sig sin Slutning, blev Selskabet trakteret med Konfekt, men det var noget mærkeligt noget, for det var kun Skaller uden om alskens underlige Ting, saasom Ørenlokker, Halssmykker og Ringe.

Nu ved jeg ikke, om Søster Stine har den 6te Sans, men hun fik da en Ring og blev straks ganske forvandlet, slog Haanden af Bror Stein og søgte sig et nyt Parti. Hun fik Anvisning paa en ny Sagfører, som kommer til Byen, men Stine slog sig paa Mester, der netop i samme Øjeblik ogsaa fik en Ring; saa kunde Bror Jacob ellers glo.

Søster Valborg var paa dette Tidspunkt gaaet, da hun ikke havde det rigtig godt; utilpasheden skyldtes ikke denne Gang for store Fødder, men var Overanstrengelse ved en Rejse, det vil imidlertid glæde alle at erfare, at hun atter er i bedste Velgaaende, saaledes at hun igen kan holde et Øje med Mester.

Spillet hørte op i rette Tid, og Vejret var godt, da vi gik hjem; det havde været rart, om det havde været lidt mere lyst, saa man kunde have set Stines og Mesters Afsked; han kan jo belægge sine Ord, kunde man høre, f. Eks. med: "Godnat min søde Pige," ja saadanne elskende er sødest mellem 40 og 60.

Vi kom godt hjem; der kunde maaske være Grund til at gøre Bogholderen opmærksom paa, at han ikke, fordi han nu godt kan lide Rommen,

behøver at fylde os andre med den, saa man skal
have Katzenjammer Dagen efter.

Finis

Pederfur

5te Møde, d. 10/11-1910

stod hos Exsekretæren paa Mælkevejen og blev
holdt paa Morten Bisps Aften. Alle Medlemmer
vare mødt op, og det enda i rette Tid. Bror Stein
havde i Dagens Anledning iført sig sine Sivsko.
Man skulle næsten tro at ogsaa han havde været i
Hovedstaden for nylig, for Brødrene fik nemlig
overrakt hver en Fløjte, som da de paa et lidt
senere Tidspunkt begyndte og behandle, nær
havde gjort Søstrene bange, der var nemlig ingen

af Søstrene der anede at Bror Stein var kommet i Besiddelse af Blæseinstrumentre, ikke engang Søster Stine vidste noget om det.

Søstrene var ellers hele Aftenen en hel Del Højtravende, Guderne maa vide hvad Søster Stine havde givet dem at drikke, det maa have været noget som har virket godt, for paa en Gang høre man en Stemme om at "vi skal være fulde i Aften". Jeg synes det var bedst om Søstrene læste lidt i Lovene for der staar ikke noget om, at Damerne maa faa berusende Drikke.

Spillet gik sin jævne Gang der var masser af Piber og Trommer, Kasseren spillede en Eiendomspiber som han vandt.

Der blev serveret med dejlige Æbleskivere med tilhørende Syltetøjer som smagte godt, Brødrene tog godt til sig af dem, og Søstrene – kender man dem ret – har vel heller ikke indskranket sig til og kigge paa dem.

De nyforlovede "Mester og Stine" havde deres Ringe paa, det lader til at være meget hedt, men det er det jo alle Tider til og begynde med.

Spillet hørte op til bestemt Tid, og Vejret var meget godt, da vi omsider gik hjem.

Sophus

6te Møde 17/11 – 10
Stod i Skoven
Mødet begyndte allerede for 8 da stillede Familien fra Melkevejen det var for at faa det hele med. Stine var lidt kras til at begynde med,

hun sagde rigtig nok hun var træt, men Kajen manglede da ikke noget, de øvrige Lemmer mødte ogsaa i rette Tid, Mester var forkølet, men Brd. trøstede ham med at det skulle de nok kurere, selv om de ogsaa skulle gaa Kuren igennem med ham. Spillet begyndte og gik som sædvanligt godt – men nu nærmede sig den Tid da Brd. skulle ud og se Brdr. Petersens Ænder, den Ulejlighed kunne de godt have sparet sig for de var spiste, om det nu var derfor at Mester fik Berserkergang, eller der var Kuren der havde hjulpet, skal være usagt, men paa en Gang tog han fat i Oversergentens Vogn og farede rundt i Gaarden med den saa Søstrene skræk slagne kom ud i Døren – de troede vist det var Kong Volmers vilde Jagt der gik igennem Skoven, en Glæde

Fra krudtproduktionen

havde Brd. dog de kunne se at Forkølelsen var
gaaet over og med Hensyn til Vognstangen han
knækkede det maa jo blive en Privat Sag mellem
Overserg. og ham, det giver Brd. ikke noget med
til. Det var galt nok at vi skulle drikke Medecin
om kap med ham det havde den virkning at
Jacob glemte Protokollen, hvilket ikke var paseret
tidligere og derfor er der ogsaa flere dunkle
Punkter i denne Beretning da Manuskriftet ikke
kunne skaffes tilveje, men en Ting ved jeg tror jeg
da nok, at da vi gik hjem løftede Stine det ene

Ben højere end det andet, og saa vidt jeg dunkelt erindrer var Vejret godt.

Jacob.

7' Møde den 24/11 1910

holdtes hos Mester. Alle var mødt i rette Tid. Mester havde til dette Møde oprettet en lokal Forening til Dyrenes Beskyttelse; foreløbig er der vist ikke andre Dyr i Foreningen end hans Ged, men den røgtet han til Gengæld med en rørende Omhu; denne Aften var den anbragt paa første Sal, saaledes at den kunde faa lidt af Stadsen at se, naar Søstre og Brødre kom.

Bror Jacob er nu bleven Børsmand og har begyndt at spekulere i Huer; hvor vidt han denne Aften satte hele sin Kapital i denne Vare, er en

Hemmelighed mellem ham og Mester; men muligvis har Mester ikke haft saa stort et Lager af saa store Numre, som Bror Stein ønskede — nemlig Numrene mellem 60 og 70 — stort skal det jo være, naar man slaar sig paa Spekulation.

Det er sikkert en almindelig Mening, at Mester er et udpræget Ordensmenneske, men den Antagelse blev ikke denne Aften bekræftet paa en for Mester gunstig Maade; Brødrene havde lavet sig til og ventede blot paa Kort; Mester blev samtidig mere og mere urolig, og tilsidst fór han rundt som et vildt Dyr uden at sige noget. Endelig slap det da ud af ham, da hans Opsyn kom for at berolige ham, at han ikke kunde huske, hvor han havde lagt Kortene, men det var jo godt, han havde Søster Valborg, for hun vidste straks Besked. Det var maaske af Glæde herover, at Mester stadig ringede og stadig ønskede at se sin Søster.

Det lader til, at det skal blive Skik, at en af Brødrene skal være forkølet til Møderne; denne Gang var det Bogholderens Tur, men det skal siges til hans Ros, at han gjorde, hvad han kunde for at faa den drevet ud igen. Jeg kan ikke huske, om vi fik vedtaget, hvis Tur det skal være ved næste Møde.

Brødrene talte flere Gange i Aftenens Løb om, at der var saa hyggeligt i Værelset paa denne Aften — det er der for øvrigt altid — men det gik tilsidst op for dem, at det skyldtes Snurrekedlen; det kan heller ikke nægtes, at det er hyggeligt, naar den begynder at snurre.

Det er en Selvfølge, at Mester opvartede med sine bekendte eksploderende Cigarer og dito Tændstikker; jeg vil dog raade Mester til ikke forlænge at lege med Ild, at det ikke en skønne Nat gaar galt for ham.

Ved 11 – Tiden fik Mester saadan en Længsel efter sin Ged, at vi maatte ud at se til den, men det var nu blot for at faa Lejlighed til at demonstrere sin Søns Opfindelse. Denne lille Purk havde en Dag eksperimenteret med Geden og tilsidst faaet den til at tale, det er jo en hel Begivenhed; en talende Ged er ikke noget dagligdags, og Brødrene gaar ud fra, at hvis Opfindelsen skal udnyttes, og Geden fremvises, faar en af Brødrene Plads som Udraaber. Jeg maa antage, at det er dette Fænomen, som i den Grad gjorde Indtryk på Bror Stein, at han ikke

vidste, at han sagde "Der kommer Rivejærnet",
da Søster Stine ved 12 Tiden viste sit milde
Ansigt i Døren, for det er jo mildest talt et
uparlamentarisk Udtryk.

Forinden vi gik hjem, fik vi forevist nogle meget
uartige Billeder, men i Betragtning af det sene
Tidspunkt skal Mester slippe for videre Tiltale.

Jeg er ganske sikkert i Overensstemmelse med
alle Brødrene, naar jeg udtaler vor Paaskønnelse
af, at Søstrene denne Aften forholdt sig
mønsterværdig rolige

Jeg kan ikke huske, hvordan Vejret var, da vi
gik hjem, men vi kom godt hjem alle sammen.

Calle.

8de Møde 1/12 – 10

Stod hos Bogholderen alle vare mødte, Søster Ingrid uden Emblem, det var vel derfor hun hilste saa venlig paa Brd. hun troede hun kunne klare den med det   Mester var lidt Indiskret lige strax han kom, han spurgte Bogholderen om han havde faaet et nyt Møbel men det opklaredes at det var et lille Bord der stod han ikke tidligere havde lagt mærke til, der foregik flere Uregelmæssigheder i Aftenens løb – Stine tiltalte sin Mand med sikken Kael og Søster Valborg gjorde Ophævelser fordi Brd. saa ind paa Søstrene hun mente der blev ikke til nogen Julegaas iaar naar vi ikke passede Arbejdet bedre, men Brd vedtog dog at Jule-Legatet skulle uddeles igen iaar hvis Søstrene vilde indsende skriftlig Ansøgning – Frederiksen havde anskaffet sig en Snorrekjedel men det kunne han

godt have sparet sig det Spil kan han ikke spille,
hans Kakkelovn passede ikke til den, vi maatte
have Vandet paa den Gammeldags Maner naa
det gjorde nu heller ikke noget vi al det Vand vi
vilde have kun Mester fik vist ikke nok derfor tog
han Bror Jacobs Toddy at der gik et Glas i Løbet
hvad gør det, nu bad Bogholderen os ud at se paa
hans lille Træ om vi vilde tage Maal af det for nu
havde han tænkt at det skulle have lidt af Dyndet
fra Aaen, saa mente han ikke vi kunne kende det
til næste Gang vi saa det, det kan der jo ogsaa
være noget i. Spillet gik som sædvanlig vejret var
godt da vi gik hjem Søster Ingrid glemte sin
Taske men opdagede det i Tide kun en lille
Bemærkning Mester kaldte undertegnede for en
gammel Gyngehest

Jacob

stod hos Jacob og Stine paa Mælkevejen, alle Medlemmer var mødt, det vil sige Mester med Opsyn kom først efter Kl 8½, men i Betraktning af, at Mester er blevet mulkteret flere Gange tidligere, enedes Brødrene om at lade ham slippe denne Gang.

Bror Jacob var til at begynde med lidt mat, naa – han havde ogsaa maattet tage sig en lille extra Lur inden Brødrene og Søstrene kom, men det var da heller ikke saa underligt, for han havde ikke haft Fred for Stine om natten, hun havde vaagnet ham og begyndt og tale om en Standerlampe som hun ikke vilde have.

Der var paa Mesters Plads istedetfor Glas hensat et emailleret ½ Pot Maal, man har formodentlig ikke villet have en Gentagelse af hvad der skete forrige Mødeaften hos Bogholderen.

Aftenens Hovedbegivenhed var vel nok, Fristen for indlevering af Ansøgninger om "de fire Brødres" Julelegat, der var kun indkommet 3, idet Søster Valborg ikke havde nogen med, men det har vel sin Grund deri at Mester ikke vil vare til at plyndre Kassen, han vil maaske hellere af sin egen Lomme betale den 10Krone. Men de Ansøgere der var, var ogsaa gode nok, en af dem bar Udskriften "de fire Røvere", men inde i var Tonen en helt anden, der stod "Kære Brødre", en anden var skrevet paa stemplet Papir, men den bedste var fra Søster Stine, hun havde været morderligt om sig og sørget for at faa Anbefalinger, ja Brødrene syntes den var saa god,

at der næsten var Stemning for at tildele hende alle fire Portioner.

Man lagte paa denne Aften særlig Mærke til Søster Ingrid, der bar sort Drés, men det opklaredes hurtigt vad Grunden var til det, Kasseren fortalte nemlig at deres gamle blaa Kat var druknet, saa det har vel været af Sorg over den.

Det vagthavende Opsyn serverede med dejlig Æblekage, som smagte godt, men som gav Søster Ingrid Anledning til en Bemærkning om, at hun havde ikke faaet meget Æblekage eller Æblegrød i Aar, man var da ellers af den Formening at Kasseren holdt meget af Kage.

Da Kl var 11,25 kom Søster Ingrid ind og vilde tage Brødrenes Temperatur, men den var der ikke meget af paa denne Aften, i alt fald ikke hos Mester, han var ikke vel og der var heller ikke rigtig Træk i Skorstenen hos ham.

Paa slutningen af Mødeaftenen uddelte Kasseren til Søstrene en Lommealmenak, rimeligvis i Anledning af at vi nærmer os Aarsskiftet, men Søster Kristine kunde ikke rigtig orientere sig i den, hvad der gav Søster Ingrid

Anledning til at sige, at saa maatte hun ogsaa vare meget Tykhoved, naar hun ikke kunne finde ud af den, og det er maaske ogsaa rigtig nok.

Søstrene talte i Aftenens Løb meget om Fedtethed, maa jeg tillade mig og fremhæve et lille Træk derpaa. Søster Ingrid beklagede sig over, at skøndt hun ellers aldrig glemmer noget, havde hun glemt at købe Kaffe, saaledes at hun Fredag Morgen stod og ikke en Gang kunde give Kasseren sin Morgendrikke – havde det nu været for meget om Søster Stine havde givet 1 Pund Kaffe med Hjem – derimod maa jeg rose Søster Valborg, hun tog dem ligesom den barmhjertige Samritan med hjem og gav dem Kaffe, de kom jo lidt senere hjem, men det kunde hun jo ikke gøre for. Ligeledes var det meget fedtet af Bror Jacob, at han ikke gav os hver en Flaske Rom med hjem, eftersom han lige havde faaet en større Forsyning hjem, men han kan maaske selv drikke det. Spillet var der ikke rigtig noget Slag i, og Omsætningen var som følge deraf meget langt nede, det hørte op til bestemt Tid og Vejret var meget godt, da Brødrene og Søstrene traskede hver til sit.

Sophus

Den 15/12 stod sidste Møde i 1910. det var det tiende i Rækken og stod i Skoven hos Kaseren alle vare mødte, Jacob med Kneb i Maven, men Brd. lovede at de nok skulle kurere ham det skulle nu heller ikke gøre Maven bedre at vi først fik Vand Kl 9. Ilden skulle efter sigende være gaaet ud. Søster Ingrid sagde vi maatte vente. Hun var nu

ikke saa bange af sig i det hele taget optraadte
Søstrene meget bestemte, Stine gjorde Vrøvl fordi
Jacob ikke havde gravet Haven inu men den
klarede Brd. jo nemt ved at love at komme og
grave den om Søndagen, men de kom bare ikke
– Nu blev Søster Valborgs Ansøgning om
Julelegatet læst og endskønt det var for sent
indkommen blev det dog bevilliget paa Grund af
de udmærkede Mænd der havde Anbefalet hende,
en Ting maa jeg ved samme Lejlighed omtale
Søster Ingrid havde begyndt at spare nu var det
jo rigtig nok lidt sent paa Aaret men man saa
dog den gode Villie, hun havde faaet anskaffet sig
en Lampe der skulle kunne brænde uden
Petroleum men da det var en ny Opfindelse var
der for en Sikkerheds Skyld sat Stearinlys
omkring Lampen hvis den skulle gøre Skrue, hvad

den selvfølgelig gjorde men det var lige med
Kniberi at Lysene maatte tændes – Mester var
der jo som sædvanlig han havde faaet anskafet sig
en lille Hund formodentlig er han bange for at
gaa igennem Skoven, han havde ogsaa et andet
Instrument som skreg naar man satte sig paa
det, det maatte Kaseren bekende da han satte sig
paa det han troede det var hans gamle Kat der
igen var opstaaet det var nu Synd at jage ham
den Skræk igennem Livet – Nu kom det
Historiske Øjeblik Uddelling af Julelegatet men jeg
troer at det gaar med det som med
Nobelpræmien man bliver forvænt med det, Ja al
Ære og Respekt, Søstrenen optraadte med
Værdighed og var vist ogsaa Glade for den, men
det kan maaske nok være at vi ad Aare kommer
til at forhøje den for alt stiger jo –

Aftenen forløb jo paa sædvanlig Vis kun med de smaa Afbrydelser, og vi kom alle godt hjem.

Jacob

5/1 1911

Første Møde i 1911 eller no 11 i Saisonen stod hos Mester, og det kan ikke nægtes, at det var en køn Begyndelse paa Aaret baade i den ene og den anden Retning. Alle var mødt, og som særlige indbudte saa man Hr. von Hansen, Assistent i Frederiksværk Finanshovedkasse og Frk. Hyldebrandt, en af de kendte Skikkelser fra Strøget i Horsens.

Brødrene indtog først et solidt Aftensmaaltid, bestaaende af Berliner-Pfankuchen, fremstillede i det bekendte Konditori "Pensionatet ved Skoven". De aad, saa de var ved at revne, og hvad de ikke kunde sætte til Livs straks, stak de til sig for at have noget til senere paa Aftenen; Hvorledes Søstrene stillede sig over for Bagværket, kunde Brødrene ikke holde sig á jour med, men kender man dem ret, har de ikke sparet Kjæberne.

Naa – saaledes styrkede tog Brødrene fat paa Arbejdet, og det gik ad Hekkenfeldt til, for saa vidt som at der indspilledes 9 Kr. 42 Øre eller det største Beløb, der nogensinde i Brødrenes forholdsvis lange Liv er indkommet. For at illustrere, hvor galt det gik til, skal her blot nævnes, at f. Eks. Kassereren tabte 12 Pibere og 10 Trommere; naa, det kunde maaske ogsaa opfattes som et Tegn paa, at han spiller meget daarligt.

Da Spillet var forbi — hvilket først skete Kl. 12 — tog Søster Valborg Affære Hun havde til Nytaarsaften fremstillet en Slags Engledrik, og i rigtig Erkendelse af Brødrenes udmærkede Egenskaber gemt noget til denne Aften. Baade Søstre og Brødre drak, som smaa Kalve drikker sød Mælk, og Følgerne udeblev ikke, men det skal jeg ikke forsøge at give en Beskrivelse af; her skal kun anføres, at efter der af hele Selskabet var sunget — eller maaske mere betegnende skraalet — nogle Sange, sang Mester og Søster Ingrid deres bekendte Sang om, hvad Tyskerne har i Lommen, den synger de aldrig, uden naar de har noget i Hovedet.

Søster Stine sad under alt dette og saa tilfreds ud, hun sad vel sagtens og glædede sig over, at det Spejl, hun gjorde Forsøg paa at slaa i

Stykker, da hun sammen med sin Bror gik hen hos Mester, alligevel holdt.

Ved 1-Tiden drev vi hver til sit, men Dagen efter spekulerede undertegnede Bror meget paa, om det ikke var formaalstjenligt, at der indenfor Brødrenes Kreds blev oprettet en Afholdsforening, eller at der i hvert Fald ved Møderne fandtes en Afholdsbeværtning, saaledes at man kunde undgaa at have Haandværkere i øverste Etage Dagen efter Møderne.

Calle

12 Møde, den 12/1 – 1911
var det andet i det nye Aar og stod inde i Skoven hos Kasseren. Alle Medlemmer var mødt.

Eksempel på min farfars flotte skråskrift

Da der ikke foregik meget paa denne Aften som kunde give Stof til Protokollen bliver det kun et ganske lille Referat.

Bror Jacob, der havde hørt noget om at det nok stod sløjt til med Kasserens Beholdning af Rom fra det bekendte Pakhus inde i København, havde selv sikret sig for sit eget vedkommende, idet han havde taget en lille Flaske Rom med hjemme fra, men det havde han nu slet ikke behøvet for Kasseren havde nemlig faaet fat i en hel Flaske af den af den rette, saa Bror Jacob maatte stikke sin egen lille Flaske i Lommen igen.

Søster Valborg var paa denne Aften meget flittig med Strikketøjet, medens de andre Søstre sad med Hænderne i Skødet, men det oplystes ogsaa at det var nødvendigt, da Mester ikke tillader at hun strikker hjemme.

Brødrene som paa denne Aften havde tænkt sig og komme til at køre i Kane hjem (det sneede jo da vi gik der op) var senere paa Aftenen ude og se efter Christoffersens Kanetøj men det havde han nu alligeveller gemt, han skulle dog ikke hav flere brækkede Vognstænger, naa — der var jo heller ikke kommet noget Sne.

Spillet var ellers en hel Del højtravende, der var mange Trommere og Pibere, dog ikke ligesaa mange som hos Mester.

Vejret var godt, og det var Maanelyst da vi gik hjem

Bogholderen

13 de Møde 19/1
Stod hos Bogholderen men da det er bleven vedtagen at Referaterne skal være saa kortfattede som muligt, skal jeg fatte mig i Korthed alle Lemmerne vare mødte med Undtagelse af Søster Valborg der var ude at balle

den, der var nemlig Bal i Klubben for Fr.værk og
Omegn Mester havde ogsaa været med men kun
til Spisningen, af hvilken Aarsag, han sad og
stødte op hele Tiden men det kunne han jo ikke
gøre for han havde blot spist lidt for meget – ja
det var omtrent det hele der paserede – jo det
maa ogsaa bemærkes at Søster Valborg kom og
hentede sin Mand da hun nok kunne lide at faa
en Svingom inden Sengetid. Spillet gik godt Jacob
blev tampet af Vejeret var godt

Jacob

14. Møde den 26/1 1911
stod hos Jacob og Stine; alle var mødt, Mester og
Søster Valborg kom i sidste Øjeblik. det kunde
ikke oplyses, hvor de havde været, men noget

stimulerende havde i hvert Fald Mester taget ind, han var meget lystig.

Det har længe været en almindelig Mening, baade blandt Søstre og Brødre, at Bror Jacob er et nydeligt Menneske, og Mester har nu set saa længe paa ham, at han ganske har forelsket sig i hans Skilning, af hvilken Aarsag Mester denne Aften mødte med Rende; der er ikke det rigtige Fald endnu som hos Bror Jacob, men det kommer nok.

Bror Jacobs Romflaske mødte med Sørgerand om Halsen, fordi den ikke indeholdt det rigtige Destillat; Mester mente, at det var Rødbedesaft og sad immeran og gjorde Bemærkninger om Rommen, men han fik dog vist alligevel listet et Par Toddyer ned.

Bror Jacob var meget urolig denne Aften, han fimsede rundt fra det ene Værelse til det andet for at finde nogle gamle Mønter til Søstrenes Underholdning, idet han ikke kunde faa dem til at se i de uartige Bøger, han sidste Gang viste dem. Senere paa Aftenen fik han et slemt Anfald af Hjærtebanken. Mester mente, at det var Rommens Skyld, og Søstrene maatte hver for sig føle ham paa Hjærtet, om de kunde stille en Diagnose. Stine vilde gerne høre Broderens Hjærte slaa, det var mange Aar siden, hun havde hørt det – det Skind - For resten mente hun ikke, at saadan en gammel Hane kunde faa Hjærtebanken.

Søstrene forslog Tiden dels med Haandarbejde, dels med at slaas; Grunden til Bataillerne var, at de vilde have Søster Stine til at forholde sig rolig, da hendes Gigt var særlig ondartet denne Aften, men der skal meget til at tæmme Søster Stine.

Jeg kan ikke huske, hvordan Vejret var, da vi gik hjem, men det var mørkt, da vi kom i Land.

Bror Calle

15de Møde 2 – 2

Stod hos Mester alle vare mødte og Spillet begyndte præcis Mester havde i Modsætning til Jacob ingen Sørgerand paa Romflasken i det han havde sparet en Flaske af det gamle Mærke, det kom Brd. rigtig tilpas, Søster Valborg trakterede med Hjemmelavede Kager, Spillet gik jo som sædvanligt strygende hos Mester og der kom godt i Kassen – nu kom Oplæsningen af Protokollen der havde Calle begaaet en lille Indiskredition ved at skrive at Jacob fimsede omkring, Stine mente at det nok kunne passe, men Bror Carl oplyste at det var en Trykfejl – der skulle staa fimrede, det skal nok være et Jydsk Ord, hvortil der ingen Tryk behøves, men det maa han jo vide – vi gik hjem Kl 12 og Vejret var godt

Jacob

16' Møde den 9/2 – 11
stod ved Kasseren oppe i Skoven, alle Medlemmer var mødt, det vil sige Mester med Opsyn kom først lige i aller sidste Øjeblik. Brødrene, som til denne Aften havde gaaet og spekuleret paa om Kasseren havde faaet fat i det rigtige Mærke af Rom, blev ikke skuffede i deres Forventninger,

idet der var hvad der skulle være, det var nok efter sigende Pensionatet "Ved Skoven" der havde importeret et større Parti.

Søster Ingrid havde nok været en Tur i Hovedstaden, hvilket blandt andet fremgik af, at hun fremviste nogle meget fine Gardiner og en Nedderdel samt nogle meget uartige Drenge som var købt derinde, Søstrene fik efter Kaffen hver overrakt en af disse Drenge. Jeg synes ellers nok at Kasseren kunde forbyde sit Opsyn at fremvise Gardinerne, for det kunde jo hænde at Brødrene fik en lille Gardinprædiken naar de kom hjem.

Vejret var godt og det var Maanelyst, da vi gik Hjem, men ikke destomindre havde vi jo Lygten tændt, ingen anede at denne Lygte paa denne Aften nær havde givet anledning til en større

Skandale og det enda fra den ældre agtværdige Søster Stines Side, som jo dog ellers skulle foregaa de Yngre med et godt Eksempel, da Selskabet er naaet ud – for for Foreningsbygningen begynder nemlig Søster Stine og vinke med Lygten, og da Brødrene ser sig om efter hvad der kan være i Vejen opdager man paa 1ste Sal i Foreningsbygningen en ung Mand i det bare Linned at der staar og gengælder Hilsenen, og til sidst lukker Vinduet op og vinker med begge Arme. Bror Jacob var dog ikke rigtig glad ved den opstaaede Situation før vi var kommet vel forbi Thinghuset og saa at den unge Mand ikke kom os i Møde

Bogholderen

17' Møde 16/2 1911

stod hos Jacob og Stine; alle var mødt, det vil sige, Søster Valborg havde først taget nogle Svinkeærinder, saa hun kom noget senere end Broderen.

Vi skulde ordinært have været hos Bogholderen, men Bror Jacob havde faaet byttet Tur, da han helst vilde være hjemme denne Aften, som var en Mærkeaften, idet han og Søster Stine den næste Dag var jan fri; den 17'ds var det nemlig 33 Aar siden, at Bror Jacob hjemførte Jomfru Christine Hansen som sin Brud, Jacob Stein havde af den Aarsag af og til ondt ved at holde sine Tanker samlede, de var tit i Istedgade, hvorfra han havde et særligt skønt Minde fra deres Hjemkomst i deres nye Hjem – ak; ja, gamle Minder, Klokkeklang –

Omsætningen var normal. Det var et modbydeligt Vejr, da vi kom, og et dito Føre, da vi gik hjem.

Calle

18de Møde 23-2-11
Stod hos Bogholderen paa Hjørnet Søster Valborg var ikke mødt desformedelst hun havde Ballet den formeget til Fastelavnsgildet – ellers var alle Lemmerne tilstede –

19de Møde 2-3-11
Stod i Skoven der manglede Søster Valborg ogsaa men hun var i Bedring

20de Møde 9/3 stod hos Bogholderen da vare alle mødte, men Søster Valborg gik tidlig hjem

21de Møde 16/3 stod hos Mester alle vare mødte den stod paa hjemmebagte Fastelavnsboller.

22de Møde 23/3-11 stod paa Melkevejen alle vare mødte som særlig indbudte Enkefru Jensen og en Dame fra Bornholm

Her slutter dagbøgerne brat og uden forklaring. Jeg synes ikke, at der er noget, der tyder på, at Spilleklubben hermed blev opløst.

Snarere kunne man måske mene, at referenterne i tiltagende grad udviste en vis træthed og til sidst opgav...

Til evigt minde om min Bodil

© 2020 – Palle Hyldenbrandt
Forlag: Books on Demand – Hellerup, Danmark
Fremstilling: Books on Demand – Norderstedt, Tyskland
Bogen er fremstillet efter on-Demand-proces

ISBN 978-87-4302-958-8